我
们
一
起
解
决
问
题

企业纳税筹划实用方法与案例解析

常亚波　樊路青　编著

人民邮电出版社

北　京

图书在版编目（ＣＩＰ）数据

企业纳税筹划实用方法与案例解析 / 常亚波，樊路青编著. -- 北京：人民邮电出版社，2020.3（2024.2重印）
ISBN 978-7-115-53363-0

Ⅰ. ①企… Ⅱ. ①常… ②樊… Ⅲ. ①企业管理－税收筹划－中国 Ⅳ. ①F812.423

中国版本图书馆CIP数据核字(2020)第022024号

内 容 提 要

本书立足于现行财税法规与相关政策，详细讲解了我国目前税制中的主要税种，如增值税、消费税、企业所得税、个人所得税以及与房地产相关的税种的筹划方法和技巧；精要解读了资源税、印花税、环境保护税等小税种的税收优惠政策；同时，针对企业投融资以及利润分配等环节的涉税业务给出筹划建议。全书内容将税法基础知识以及纳税筹划的基本原理、入门技巧和案例分析结合起来进行讲解，体例新颖，具有较强的实用性和可操作性，能够给企业纳税筹划提供实战指导，帮助企业合法减轻税负。

本书适合从事财税工作的实务界人士和零财税基础的商务人士阅读，也可以作为应用型本科院校、高职高专院校会计学和财务管理专业纳税筹划课程的教材。

◆编　　著　常亚波　樊路青
　责任编辑　付微微
　责任印制　彭志环
◆人民邮电出版社出版发行　　北京市丰台区成寿寺路11号
　邮编 100164　电子邮件 315@ptpress.com.cn
　网址 http://www.ptpress.com.cn
　北京七彩京通数码快印有限公司印刷
◆开本：700×1000　1/16
　印张：14.75　　　　　　　　　　2020年3月第1版
　字数：200千字　　　　　　　　　2024年2月北京第14次印刷

定　价：59.80元

读者服务热线：（010）81055656　印装质量热线：（010）81055316
反盗版热线：（010）81055315

广告经营许可证：京东市监广登字20170147号

在收入一定的前提下，无论是企业还是个人，每一个纳税人都希望自己承担的税负最轻。纳税筹划就是一道桥梁，通过它我们可以实现减轻税负的目的。

纳税筹划在西方国家具有很长的历史，纳税人进行纳税筹划的行为已经非常普遍，很多会计师事务所、税务师事务所、律师事务所等中介机构的人员都为客户提供专业的纳税筹划服务。进入 21 世纪后，我国的纳税筹划逐步开展起来，人们逐渐认识到纳税筹划的意义，纳税筹划不再是少数人的偶然性行为，它已成为越来越普遍的商业技巧和经营艺术。

在纳税筹划课程多年的教学工作中，笔者发现，一本好的纳税筹划书籍是开启纳税筹划之旅的金钥匙。但目前市场上的纳税筹划图书普遍存在以下问题：理论性强的教材，往往强调知识体系的搭建，容易与实务脱节，应用性不够；纯实操类图书，常常只有具备专业知识的人才能看懂，非财税专业人员读起来如雾里看花。为了编写一本既具理论性又具实操性的图书，笔者花费了大量时间搜集、阅读相关资料，并对各类企业的涉税业务进行了深入分析。

《企业纳税筹划实用方法与案例解析》将税法基础知识、纳税筹划的基本原理、筹划入门技巧和案例分析结合起来，通俗、生动地描述这一看上去很高深的专业工作，让没有很多财税知识，甚至"零"基础的商务人士也能轻松地理解、掌握纳税筹划的基本方法，从而进行个人、家庭或者企业的纳税筹划，合法减轻税负。

编写这本书是一项辛苦但非常有意义的工作，希望读者能够从中有所收获，学会管理税务问题，从而成为财税小能手。

本书具有如下特色。

（1）通俗易懂，财税知识轻松入门。本书涉及的税法基础知识，在行文中都做了简明扼要的介绍，读者不需要再去翻阅税法条文。

（2）与时俱进，适用现行税收法规与相关政策。我国税法目前更新速度很快，本书在编写过程中注重时效性，增值税改革、个人所得税改革的最新内容都在书中得以体现。

（3）案例丰富，从实务中汲取精华。本书设计了大量的案例，这些案例很接地气，与实务紧密贴合。

（4）体例新颖，实用性和可操作性强。为了给读者轻松的阅读体验，本书在写作手法上尽量避免长篇大论，叙述时层次清晰、语言简练，让读者一分钟找到要点，不会觉得困顿。

本书适合从事财税工作的实务界人士和零财税基础的商务人士阅读，也可以作为应用型本科院校、高职高专院校会计学和财务管理专业纳税筹划课程的教材。对于使用本书作为教材的老师，本书将赠送 PPT 课件、配套习题和答案，可输入封底的网址下载相关内容，或发送邮件到 changyabo@163.com 索取。

本书由常亚波、樊路青负责编写。第一章至第四章以及第六章至第十章的内容，由常亚波编写；第五章的内容，由樊路青编写。本书附赠的配套习题和答案，由常亚波和樊路青共同编写。常亚波制定了全书的写作大纲、编写体例，并负责统稿和课件制作工作。

"路漫漫其修远兮，吾将上下而求索。"尽管笔者已经尽了最大努力，但由于水平有限，书中仍难免存在错漏之处，请读者不吝赐教，鞭策笔者不断进步。笔者联系邮箱：changyabo@163.com；微信号：13691408152。

感谢在本书出版过程中给予帮助的财税培训专家袁国辉先生，感谢人民邮电出版社编辑人员的辛勤工作以及大力支持！本书在写作过程中参考了大量的书籍和文献，在此一并向相关作者表示感谢！

感谢读者阅读此书，期待和大家共同成长。

常亚波 樊路青

2019 年 10 月 25 日

目录

第一章

纳税筹划原理

纳税筹划是指纳税人在不违反税法的前提下，有计划地减轻或控制税负的筹划活动。在现代法制社会中，纳税筹划是纳税人的一项基本权利。任何纳税人只要不触犯法律的红线，均可以实施筹划活动，确保自身利益的最大化。

一、纳税筹划的主要形式

纳税筹划有广义和狭义之分。广义的纳税筹划包括节税、避税和税负转嫁，狭义的纳税筹划仅仅包含节税。

（一）节税

节税是指纳税人在税法规定允许或者鼓励的范围内进行的纳税选择。它通常是利用税收照顾性政策、鼓励性政策进行的筹划行为，遵循了税法立法精神，顺应了政府的政策导向，有利于加强政府对投资和经济的宏观调控。例如，企业投资于西部某省的政府扶持性产业，既利用了当地的低人工成本优势，又符合政府的产业指导政策，还能享受企业所得税优惠。

（二）避税

避税是指纳税人利用税法中的空白、漏洞或者缺陷，通过精心安排经营活动以达到减轻税负的目的。避税通常含有贬义，虽然不违反法律，但有违税法立法精神和政府的政策意图，是不被提倡和支持的行为。20 世纪 80 年代之后，越来越多的国家在税法中加入反避税条款。我国现行税法中也已规定了反避税条款，例如，在增值税和所得税暂行条例中，均规定了针对纳税人销售商品或者提供劳务价格明显低于市场价格的行为，税务机关有权按照合理的方法进行调整，并要求纳税人补缴税款。

（三）税负转嫁

税负转嫁是指纳税人在缴纳税款之后，通过种种途径将自己的税收负担转移给他人的过程。税负转嫁之后，纳税人和实际的负税人不再是同一人。税负转嫁有不同的途径，如前转、后转和消转。

前转是指纳税人通过提高商品的销售价格，把税负向前转嫁给商品购买者。

后转是指纳税人通过压低商品的采购价格，把税负向后转嫁给商品供应者。

消转是指纳税人通过降低员工工资、提高劳动生产率、降低管理费用等方式在内部消化税负。

前转的方式一般适用于市场紧俏、品牌知名度高或者消费者需求稳定的商品。例如，高档白酒有稳定的消费群体，尽管高档白酒多次提价，也没有影响市场销量，甚至销量不降反升。对于高档白酒生产企业来说，如果消费税税率提高，它们可能会通过提价的方式将增加的税负转移给消费者，让消费者来"买单"。

后转的方式对于供应商来说是不利的，适用于销售状况不佳或者供过于求的买方市场。

消转的方式会直接或变相降低员工待遇，导致员工工作情绪不佳，需要管理部门予以安抚。

二、纳税筹划的目标

纳税筹划的目标是纳税人通过进行纳税筹划活动期望达成的结果。它可以分为三个不同的层次。

第一层次的目标即最直接的目标——减轻纳税人税负。减轻纳税人税负有几种不同的表现形式。

（1）免缴税款或减少当期应纳税额，将资金留给纳税人。

（2）推迟税款的缴纳，即将纳税人本期应缴纳的税款延期到以后再缴纳。延期纳税虽然不能减少企业纳税总额，但等于得到一笔无息贷款，纳税人可以获得货币时间价值，同时增加纳税人本期的现金流，使纳税人有更多的资金用于投资和经营活动。

第二层次的目标即决策目标——实现税后利润最大化。税后利润是企业收入扣除所有成本、费用和税金之后的净所得，它直接体现在利润表中，是公司管理层和股东非常看重的财务绩效指标。企业在进行纳税筹划时应注意，税负最轻的方案并不意味着税后利润最高。例如，某企业需要融资1 000万元，有两个方案，一是从银行借款，二是增发股票。假设企业从银行借款，年利率为5%，则相比增发股票来说，由于50万元利息可以在计算企业所得税应纳税所得额时作为费用扣除，导致企业所得税税负相对增发股票来说下降12.5（50×25%）万元。但利息作为企业的财务费用，其税后成本是37.5［50×（1–25%）］万元，企业净利润相对增发股票来说减少了37.5万元。

第三层次的目标为最终目标——实现股东财富最大化。除增值税外的其余税种，在会计核算上均计入企业当期的成本费用；增值税实行抵扣制，缴纳税款会影响企业当期的现金流量。因而，无论是何种税款，要么影响企业的利润核算，要么影响企业的现金流。对于上市公司来说，各种纳税因素的影响最终都会反映在公司股价的高低上，即股东财富的多少会受到税费的影响。

三、纳税筹划的起点

在日常生产和经营过程中，许多企业的负责人认为，与税收有关的一切事项都应当由财务人员来负责；很多财务人员也认为，一切涉税事项都应当由自己来负责。但财务人员在处理涉税事项的过程中经常感到很无奈，许多涉税问题他们想负责，却无力负责；他们想处理，却没有资格来处理；他们想控制，却没有权力来控制。这是为什么呢？

原因其实很简单，会计核算主要是对经济事项事后的反映和监督，从部门职责的划分上来说，企业的财务部门的确负责会计核算和纳税申报工作，但企业的经济业务是由很多个部门协调完成的，有关的纳税义务往往在业务开展阶段，如在合同签订、购销等环节就已经产生，等相关单据传递到财务人员手中后就无法再进行筹划了。有学者认为，纳税义务80%以上都是在业务环节产生的。

凡事预则立，不预则废。对纳税筹划来说，提前对经济事项进行筹划和安排，是非常必要的。从管理的角度来说，纳税筹划是整个企业层面的工作，不应当把产生的问题和责任全部推给财务部门。

四、纳税筹划的基本方法

（一）要素筹划法

税制要素包括纳税主体、课税对象、税基、税率、税额、纳税环节、纳税期限等，每个要素都与纳税密切相关。对各个税种来说，税款的计算离不开税基、税率和税额三个基本要素。我们可以通过降低税基、降低适用税率、直接减少应纳税额的方法来达到降低本期应缴纳税款的目标。

1. 降低税基

税基即计税的基数，是计算纳税人应纳税额的依据。根据我国目前税法的规定，税基大致分为三类。

（1）课税金额。适用定额税率征收消费税的消费品（如化妆品、成品油、小汽车等），以及适用从价定率征收资源税的应税产品（如原油等），以销售额作为税基。

（2）课税数量。采用从量定额征收资源税的应税产品（如盐等），以销量作为税基；城镇土地使用税是以纳税人实际占用土地面积作为税基。

（3）应纳税所得额。企业所得税和个人所得税均是以纳税人应税收入减去可以扣除的成本费用后的应纳税所得额作为计税依据。

在适用税率一定的条件下，应纳税额的大小与税基的大小成正比。税基越小，纳税人的应纳税额越低。纳税人可以通过降低税基的方法降低应纳税额。例如，在进行企业所得税的筹划时，我们可以通过增加可以抵扣的成本费用的方法降低应纳税所得额，从而达到降低应纳税额的目的。

2. 降低适用税率

税率分为比例税率、定额税率和累进税率三种。

（1）比例税率是指对同一征税对象，不分数额大小，规定相同的征收比例。例如，对于增值税一般纳税人，税法规定采用13%、9%、6%的增值税税率；我国除小型微利企业之外，企业所得税税率为25%。

（2）定额税率是指按照征税对象确定的计算单位，直接规定一个固定的税额。例如，对于酒类产品中的黄酒，税法规定按照销售数量每吨征收240元消费税。

（3）累进税率主要包括超额累进税率和超率累进税率。

超额累进税率是指把征税对象按照数额的大小分为若干等级，每级规定一个税率，税率逐步提高，应纳税额根据征税对象所属等级和税率分别计算后相加求得。我国目前个人所得税采用超额累进税率。

超率累进税率是指按照征税对象数额的相对率划分为若干级距，分别规定相应的税率，相对率每超过一个级距的，对超过的部分按照高一级的税率计算征税。我国目前土地增值税采用的是超率累进税率。

我国目前各个税种大多存在不同的税率，虽然纳税人无法改变法定税率，但税率的高低往往因为纳税人的身份或者课税对象的不同而有所区别。这就为纳税人进行纳税筹划提供了选择的空间。筹划的思路是尽量适用低税率或者防止税率爬升。例如，针对增值税的几档税率（13%、9%、6%等），纳税人可以适当地通过纳税身份的转换来实现税率的下降。

3. 直接减少应纳税额

我国目前几乎所有税种都规定有减免税、退税、税款抵免等税收优惠政策。利用这些优惠政策，企业可以达到直接减少应纳税额的目的。例如，《中华人民共和国企业所得税法》（以下简称《企业所得税法》）规定，企业购置并实际使用《环境保护专用设备企业所得税优惠目录》《节能节水专用设备企业所得税优惠目录》和《安全生产专用设备企业所得税优惠目录》中规定的环境保护、节能节水、安全生产等专用设备，该专用设备的投资额的 10% 可以从企业当年的应纳税额中抵免；当年不足抵免的，可以在以后 5 个纳税年度结转抵免。

（二）组织形式筹划法

按照我国设立企业的相关法律规定，企业的组织形式有股份有限公司、有限责任公司、合伙企业、个人独资企业等。不同组织形式的企业，适用的税收政策相应有所区别。例如，合伙企业和个人独资企业不属于法人，无需缴纳企业所得税，合伙人和个人投资者仅就经营所得缴纳个人所得税。投资者在设立公司时，可以充分考虑前期的经营和获利情况，采用适当的组织形式，减轻税负，以达到收益最大化。另外，企业在对外扩张时，采用设立子公司还是分公司的形式，对企业纳税也会产生影响，对此企业在做出相关决策时应考虑税收因素。

（三）临界点筹划法

我国现行税种存在很多临界点，当税基突破临界点，则该税种适用的税率和优惠政策就会发生改变。纳税人在进行纳税筹划时，要学会寻找临界点，将税基控制在临界点之内，以此来控制税负。例如，我国个人所得税的税率跳跃临界点、企业所得税应纳税所得额的临界点等，都是典型的税基临界点，对其进行合理筹划可以降低税负。

（四）转换经营方式法

纳税人在遵守税法的前提下，可以通过适当变通经营方式来进行纳税筹划。例如，自行采购、销售可以转化为代购、代销，无形资产转让可以合理转化为无形资产投资入股，个人工资所得可以转化为劳务报酬等。多种形式的转化有利于纳税人降低税负。

（五）转移定价法

转移定价法是指两个或两个以上有经济利益联系的经济实体，为获取更多的整体利润，以内部价格进行的销售活动。内部销售价格往往与市场价格相背离，属于非正常交易价格，目的是使利润在不同经济实体之间进行转移。转移定价法一般在关联企业如母子公司之间使用，很多跨国公司会通过转移定价来达到在不同国家或地区之间转移利润的目的。为了维护本国或本地区的经济利益，转移定价已受到越来越严格的税务和外汇监管。

（六）利用税收优惠

为了扶持特定地区、行业和产品的发展，或者照顾某些有实际困难的纳税人，减轻纳税人的负担，税法中规定了一些特殊条款，这些特殊条款就相当于税收优惠政策。利用好税收优惠政策，是企业进行纳税筹划最基本的内容。

在我国税制中，对经济特区、沿海经济开放区、经济技术开发区、高新技术产业园区、中西部地区、上海浦东新区等特殊区域实行优惠政策，纳税人在投资和经营过程中可以合理利用地区优势，争取享受优惠政策。

政府基于宏观经济调控的需要，在不同时期对一些特定产业实施扶持政策，例如，为了支持关系国计民生的基础产业、医药产业、高新技术产业、节能环保产业等产业的发展，对相关行业在税收上给予一定优惠。纳税人可以选择适当的时机通过多元化投资、战略转型等方式进入这些行业。

此外，税法针对各个税种均规定有优惠条款，企业可以利用这些税收优惠政策达到减免税的目的。

五、纳税筹划应遵循的原则

（一）守法原则

守法原则是指纳税人在进行纳税筹划时不能违反税法规定，这是纳税筹划最基本的原则。纳税筹划是利用税法中的选择性条款、伸缩性条款以及不明确条款等进行的纳税选择，纳税人在操作时一定不能违反税法规定，否则将面临行政处罚甚至刑事处罚。不违法也是纳税筹划与逃税、抗税、骗税等税收违法行为的根本区别。企业在进行纳税筹划时，要注意保持会计账证和记录的完整。

纳税筹划须守法

[案例资料]

张威大学毕业后到一家外贸公司做行政管理，负责采购公司的日常办公用品。2019年4月18日，公司需要采购一批打印耗材，他走访了三家经营同样商品的单位，其中包括一般纳税人甲企业、小规模纳税人乙企业和无证个体户丙。张威发现，丙个体户的销售价格最低，比甲企业的价格要低10%，但是不能提供发票。为了给公司节约经费，他从丙处购买了商品，但丙无法开具发票，财务报账成了问题。恰在此时，张威接到一个手机短信，提示广东某公司可按开票额5%的价格提供增值税专用发票，并且承诺可以先提供发票，待公司到当地税务机关认证、申报抵扣税款后再付款。

张威认为，拿到增值税专用发票可以进行抵扣，能够为公司节省一笔税款，对公司来说是一桩好事，遂将此事向行政部刘经理做了汇报。刘经理认为不妨一试，如果税务机关认证时通不过就不付款，公司也不会有损失。于是，张威联系了广东的这家公司，第三天对方就将需要的增值税专用发票快递过来了。刘经理签字之后，张威就到公司财务部报账。财务部会计不知道前面是如何操作的，看到发票手续齐全、数据核对无误，就接受了发票。当月，会计就按照正常程序做账，并到公司主管税务机关申报，发票也顺利过关。于是，张威报经批准后，以咨询服务费的名义，按约定给对方支付了开票款。

自2019年4月18日至2019年11月底，张威通过广东的这家公司先后开出增值税专用发票5张，合计金额40万元。2019年12月16日，税务机关接到举报，到公司进行检查，发现以上事实，对公司进行了处罚。

[案例点评]

本案例中的行为属于虚开增值税专用发票。虚开发票是指在没有任何购销事实的前提下，为他人、为自己或让他人为自己开具发票的行为，属于违法行为。

根据增值税专用发票管理的相关规定，对于虚开专用发票的，一律按照票面所列货物的适用税率全额征补税款，并按偷（逃）税给予处罚。

（二）整体性原则

纳税人在进行纳税筹划时要从全局出发，进行综合衡量。企业在进行纳税筹划时，增值税、消费税、企业所得税等各个税种的税负都要纳入考虑范围，要选择总体税负最轻的方案，以防止顾此失彼。

（三）时效性原则

纳税筹划要注重对时效的利用。纳税人应充分利用货币时间价值，例如，销售收入何时确认、增值税进项税额的抵扣时间、减免税期限的利用等，都体现了时间在筹划中的重要性。随着外界环境的变化，企业也要不断地调整或修订筹划方案，与时俱进。

（四）成本效益原则

纳税筹划的成本包括显性成本和隐性成本。显性成本包括制定和执行筹划方案的费用、方案新增的纳税成本、筹划无效或失败的损失或罚款。例如，为了进行纳税筹划而产生的会议费、管理费、律师费等就属于显性成本。隐性成本是指方案的机会成本，即采用某个纳税筹划方案而放弃其他可选方案的最大潜在收益。纳税筹划方案的收益包括采用筹划方案增加的收入、节省的税收、推迟纳税取得的货币时间价值等。企业在进行纳税筹划时，要合理预计相关的成本和收益，当所选择的纳税筹划方案的筹划收益大于筹划成本时，可以开展筹划；否则，应当放弃筹划，以避免出现成本大于收益、得不偿失的情况。

六、如何控制纳税筹划风险

（一）了解纳税筹划风险

在现代经济活动中，风险无处不在。人们在进行经济活动时，总是希望风险最低、收益最大。然而，风险和收益经常是结伴而生的，高收益常伴随着高风险，低风险往往意味着低收益。按照财务管理的观念，风险是由事件不确定性导致的实际结果与预期结果之间的偏离程度。

企业在进行纳税筹划时，因为各种不确定因素的存在，会导致企业可能无法实现纳税筹划的目标，由此带来的风险我们称之为"纳税筹划风险"。

（二）纳税筹划风险的来源

1. 纳税筹划方案设计不当

纳税筹划方案的设计涉及企业采购、生产、销售、收款等各个环节，如果前期设计不合理，就起不到应有的效果，甚至会适得其反。因此，科学、合理地设计筹划方案是纳税筹划成功实施的前提和基础。

"买一赠一"还是打折促销

[案例资料]

北京旺旺超市在国庆节期间计划进行洗发产品的促销活动，超市营销部门提出了两个不同的促销方案：

方案一，买 80 元洗发产品赠送三盒售价 20 元的香皂；

方案二，洗发产品和香皂组成售价 100 元的促销套装，直接打 8 折出售。

请问：两种促销手段在增值税的缴纳上有何不同？

[筹划思路]

采用"买一赠一"的促销方式，按照《中华人民共和国增值税暂行条例》（以下简称《增值税暂行条例》）的规定，属于"将自产、委托加工或者购进的货物无偿赠送给其他单位或个人"，赠品应视同销售，企业应当计算缴纳增值税。

采用打折促销的方式销售，按照规定，销售额和折扣额在同一张发票上分别注明的，可以按折扣后的销售额征收增值税。

通过比较，两个方案的实际销售额均为 80 元，但第一种方案还要额外缴纳 2.6（20×13%）元的销项税额。因此，采用第二种促销方案对企业更有利。

2.纳税筹划方案操作不当

纳税筹划方案如果操作不当，也会导致筹划失败。发生操作不当可能是以下几种原因造成的：一是纳税筹划相关人员对方案理解不到位；二是相关人员相互之间的配合和协调出现问题；三是执行不到位或执行手段不恰当。

关注政策，谨慎操作

[案例资料]

上海 A 影视制作公司是一家民营企业，财务总监为了给企业进行纳税筹划，提出如下方案：建议老板在西部某省新注册成立一家影视策划公司，专门做剧本策划，这样就可以把公司的利润以策划费的形式转移给策划公司。而策划公司由于地处西部地区，享受国家西部大开发的优惠政策，企业所得税税率为 15%，并且所得税"两免三减半"。公司老板听从了财务总监的建议，在西部地区设立了一家策划公司 B。B 公司自成立后，只有 A 公司一家客户。2019 年 A 公司支付给 B 公司 1 000 万元策划费。然而，税务机关经过稽查，认定 A 公司的行为属于偷（逃）税。

[案例点评]

A 公司的策划思路是可行的，但问题出在操作环节上。之所以被认定为偷（逃）税，一是由于策划公司自成立后，客户只有一家，即上海的 A 影视制作公司；二是 2019 年 A 公司支付的策划费过高，不合常理。从该案例我们可以看出，纳税筹划和偷（逃）税的界定往往在一线之间。企业在进行纳税筹划时，一定要关注政策，谨慎操作。

3. 政府调整税收政策

我国目前正处于税制改革的阶段，除了"营改增"之外，个人所得税、房产税等改革也在酝酿和实施当中。企业财务人员必须要关注重大的财税改革，了解和掌握最新的税收法规和政策，不断更新自身的知识储备，避免出现政策风险。

4. 企业经营活动发生变化

企业经营的主要产品、业务模式、营销手段、结算方式等发生变化，往往会给企业的会计和税务工作带来新的挑战。企业必须根据业务活动的改变，适时调整会计和税务工作，以更好地适应和服务于业务开展的需要。纳税筹划也必须与时俱进，否则就很可能会产生纳税风险。

5. 管理人员纳税风险意识淡薄

实务中，不少企业的管理者对财务工作不够重视，认为财务部不给企业创造直接的经济利益，属于后勤服务部门。这样的思想观念导致企业对涉税风险缺乏充分的估计，纳税筹划超越法律红线，造成筹划无效或者失败。

（三）如何防范纳税筹划风险

1. 树立风险意识，加强员工培训

企业应当对税收风险有充分的估计与认识，切忌盲目大意。由于我国财税的法律制度更新较快，企业要及时对员工进行法律、财务、税务、风险管理等方面的培训与考核，同时要加强对员工职业道德方面的考察，避免由于个别员工的不道德行为给企业带来重大损失。

2. 加强不同部门之间的配合

如前所述，纳税筹划是一项需要多部门配合共同完成的工作，部门之间的合作关系到纳税筹划方案的执行效果。企业可以建立和补充相应的管理制度和部门职责，把纳税筹划纳入部门工作内容中，作为部门绩效考核的指标之一。

3. 适时调整纳税筹划方案

企业在具体实施纳税筹划时，应关注国内外重大的经济环境、金融政策、税收法规的最新变化，及时调整方案。要具体问题具体分析，不能照搬其他企业的方案或者模式。

4. 注重与税务机关的沟通

税务机关与企业在法律地位上是平等的，但双方的权利和义务关系并不对等。税务机关作为政府行政管理部门，对纳税人的行为依法享有一定的自由量裁权和认定权限。企业应注重与税务机关的沟通，日常经营中避免因违反税法受到处罚，以维护自身良好的纳税形象。在纳税筹划工作中，应争取有利于企业的具体征收管理方式，尽量取得税务管理人员对纳税筹划方案的认可。

第二章

增值税的筹划方法与技巧

　　增值税是以商品和劳务在流转过程中产生的增值额作为征税对象而征收的一种流转税。按照规定，在我国境内销售货物，提供劳务，销售服务、无形资产和不动产，以及进口货物的单位和个人，为增值税的纳税人。

一、增值税的征收规定

（一）增值税纳税义务人

　　根据销售规模，增值税纳税人可以分为一般纳税人和小规模纳税人两类。

1. 一般纳税人

　　一般纳税人是指年应税销售额超过 500 万元的企业和企业性单位。

　　小规模纳税人会计核算健全，能够提供准确税务资料的，可以向主管税务机关申请认定为一般纳税人。

2. 小规模纳税人

　　小规模纳税人是指年应税销售额在规定标准以下，会计核算不健全，不能按规定报送有关税务资料的增值税纳税人。根据现行规定，年应税销售额或服务额在 500 万元以下（含）的纳税人为小规模纳税人。

（二）增值税的征收范围

现行增值税的征收范围包括在我国境内销售货物，提供加工、修理修配劳务，销售服务、无形资产、不动产以及进口货物。

1. 销售货物

销售货物是指在我国境内有偿转让货物的所有权。货物是指有形动产，包括电力、热力、气体在内。

2. 提供劳务

提供劳务是指纳税人提供的加工、修理修配劳务。

3. 提供服务

提供服务包括提供交通运输服务、邮政服务、电信服务、建筑服务、金融服务、现代服务及生活服务。

4. 转让无形资产

无形资产是指不具有实物形态但能带来经济利益的资产，包括技术、商标、著作权、商誉、自然资源使用权和其他无形资产。

5. 销售不动产

不动产是指不能移动，或移动后会引起性质、形状改变的财产，包括建筑物和构筑物。

6. 进口货物

进口货物是指进入中国关境的货物。进口货物在报关进口环节应依法缴纳增值税。

（三）增值税税率与征收率

2018 年 3 月 28 日，国务院常务会议决定从 2018 年 5 月 1 日起，将制造业等行业增值税税率从 17% 降至 16%，将交通运输、建筑、基础电信服务等行业及农产品等货物的增值税税率从 11% 降至 10%；统一增值税小规模纳税人标准，将工业企业和商业企业小规模纳税人的年销售额标准由 50 万元和 80 万元上调至 500 万元，并在一定期限内允许已登记为一般纳税人的企业转登记为小规模纳税人；对装备制造等先进制造业、研发等现代服务业符合条件的企业和电网企业在一定时期内未抵扣完的进项税额予以一次性退还。

2019 年，我国继续下调增值税税率，实施了更大规模的减税措施，普惠性减税与结构性减税并举，重点降低制造业和小微企业税收负担。2019 年 4 月 1 日之后，我国增值税一般纳税人的税率可以归纳为三档，即 13%、9% 和 6%；小规模纳税人的征收率为 3% 和 5% 两档。

表 2-1 列出了我国目前的增值税税率。为了简化和方便读者记忆，本表只列出主要项目。

表 2-1　增值税税率或征收率

纳税人	适用项目	税率或征收率
一般纳税人	1.销售普通货物，提供加工、修理修配劳务 （1）销售或进口普通货物 （2）提供加工、修理修配劳务 （3）提供有形动产租赁服务	13%
	2.销售或进口低税率货物 （1）粮食等农产品、食用植物油、食用盐 （2）自来水、暖气、冷气、热水、煤气、石油液化气、天然气、二甲醚、沼气、居民用煤炭制品 （3）图书、报纸、杂志、音像制品、电子出版物 （4）饲料、化肥、农药、农机、农膜 （5）国务院规定的其他货物	9%
	3.交通运输服务	9%
	4.邮政服务	9%
	5.电信服务 （1）基础电信服务 （2）增值电信服务	9% 6%
	6.建筑服务	9%
	7.销售不动产（含土地使用权）	9%
	8.金融服务	6%
	9.现代服务	6%
	10.生活服务	6%
	11.销售无形资产（土地使用权除外）	6%
小规模纳税人	销售货物 提供劳务 销售应税服务 销售无形资产（土地使用权除外）	3%
	销售不动产（含土地使用权） 经营租赁不动产（含土地使用权）	5%

　　一般纳税人适用简易计税方法的，根据不同情况分别按照 3% 和 5% 的征收率计税。本书此后的案例中如有涉及，会详细说明，在此不再赘述。

（四）增值税应纳税额的计算

1.一般纳税人应纳税额的计算

一般纳税人应纳税额的计算公式如下：

应纳税额＝当期销项税额－当期进项税额

其中，

当期销项税额＝当期不含税销售额 × 适用税率

当期进项税额是指购进货物、劳务、服务等取得的增值税专用发票、海关完税凭证等注明的按税法规定允许抵扣的税额。

2.小规模纳税人应纳税额的计算

应纳税额＝不含税销售额 × 征收率

注意：小规模纳税人征收率较低，不再适用销项税额减去进项税额的计税方法。

二、合理选择纳税人身份

小型企业生存难，纳税身份可筹划

[案例资料]

天津中泰物流有限公司是一家小型运输企业，拥有 3 辆大型货车，主要从事公路货物运输业务。根据公司老板张华的测算，该公司在正常情况下一年的业务收入约为 450 万元（不含税）。如果申请作为一般纳税人经营，人工成本、支付给个人房东的房租以及部分管理费用等将无法取得增值税专用发票；能够用于增值税进项税额扣除的主要成本和费用项目是货运车辆修理费、汽油费等，估计约占销售额的20%；办公用品、停车场租赁费、物业费、水电费、供暖费等其他杂费，每年可以取得3 000元左右的可抵扣进项税额发票。

根据我国税收法规，纳税人超过年应税销售额标准即500万元的，必须申请为一般纳税人；销售额在标准线以下的，如果会计核算制度健全，能提供准确税务资料的，可以申请为一般纳税人。因此，对于这些企业而言，就存在一个身份选择的问题。

现在张华想咨询的问题是：对于这样的小型企业，是申请认定为增值税一般纳税人好，还是以小规模纳税人的身份经营好呢？

[税款计算]

（1）作为一般纳税人经营

公路货物运输企业按交通运输业适用9%的增值税税率，货运车辆修理费、汽油费适用13%的增值税税率，其余杂费的进项税额共计3 000元。

应纳增值税＝450×9%－450×20%×13%－0.3＝40.5－11.7－0.3＝28.5（万元）

税收负担率＝28.5÷450×100%＝6.33%

（2）作为小规模纳税人经营

应纳增值税＝450×3%＝13.5（万元）

税收负担率＝13.5÷450×100%＝3%

[筹划结论]

从纳税的角度来说，作为一般纳税人的税负率高于小规模纳税人，因此张华的企业作为小规模纳税人经营比较合适。

[案例点评]

年应税销售额在 500 万元（含）以下的小规模纳税人，如果预计可取得的增值税可抵扣进项税额比较少，作为一般纳税人就需要承担较高的税负，在此情况下，纳税人采用小规模纳税人经营比较划算。在筹划时，企业应根据所处行业、经营项目、采购商品或服务适用的税率、能否获得增值税专用发票、进项税额能否抵扣等因素进行综合考虑。

[知识加油站]

增值税具有以下特点。

（1）价外计征：以不含税销售额为基础计算税款，实行价税分离，因此，增值税不会影响企业的费用和利润。

（2）实行多环节征税：在商品流通环节普遍征收，每经过一个流通环节，就征收一次增值税。

（3）注意含税价与不含税价的区别：在计算销项税额时，含税价需要先换算成不含税价，再乘以税率。公式如下：

$$不含税价 = 含税价 \div (1+ 增值税税率或征收率)$$

三、不同销售方式的纳税筹划

现在很多销售企业，尤其是商场、超市、大卖场等零售业为了提高销售额，会采用许多促销手段，比如打折、买一赠一、返现、购物抽奖、满额返券以及以旧换新等。这些不同销售方式增值税的核算是有区别的，企业在选择时，不仅要考虑营销活动本身的效果，还要考虑税费问题。

商场促销手段多，恰当选择可节税

[案例资料]

华惠商场位于北京某繁华商业街，为增值税一般纳税人，经营男女中高档服装、鞋帽、箱包、护肤品、化妆品、珠宝首饰等。考虑到目前实体店零售受网络冲击较大，为了提升销售业绩，商场决定在2019年国庆节期间开展一次力度较大的促销活动。商场管理层经过讨论，提出以下三种促销方案：

方案1：所有商品打9折促销。

方案2：消费者每购买商品满2 000元，返还现金200元。

方案3：消费者每购买2 000元商品，赠送价值200元的商品。赠品购入成本为120元。

方案提出之后，在拍板决定选择哪个方案时，市场部、商品部、财务部等各持己见，彼此互不相让，最终未达成一致。公司请税务师事务所的税务师协助进行税费测算。

经过测算，商场毛利率为40%，即销售2 000元商品的购入成本平均为1 200元（两者均为含税价）。购入的商品均可取得增值税专用发票，可以从销项税额中抵扣。如果以2 000元为测算单位，仅考虑增值税一个税种，那么商场该选择哪种方案呢？

［税法链接］

关于不同促销方式的增值税规定如下。

方案 1：“折扣销售”的增值税规定。

打折促销属于“商业折扣”。税法规定，企业发生商业折扣，如果商品的销售额和折扣额在同一张发票上分别注明，则按照折扣后的销售额计征增值税；如果折扣额另开发票，无论在会计上如何处理，均不得从销售额中扣除折扣额，须全额计征增值税。

方案 2：“销售返现”的增值税规定。

销售返还的现金在性质上属于企业的促销费用，对企业增值税的计算没有影响。企业按照销售额计算销项税额即可。

方案 3：“买一赠一”的增值税规定。

税法规定，企业将自产、委托加工和购买的货物用于集体福利、个人消费或者无偿赠送他人的，应视同销售，计算增值税销项税额并缴纳增值税。

［税款计算］

（1）方案 1 打折促销，具体又分为两种情况：

① 若销售额和折扣额开在同一张发票上，则按照折扣后的销售额计算销项税额：

应纳增值税 $=[\,2\,000 \times 0.9 \div (1+13\%)\,] \times 13\% - [\,1\,200 \div (1+13\%)\,] \times 13\% = 69.03$（元）

② 若折扣额开在另一张发票上，则不得从销售额中扣除折扣额，须全额计算销项税额：

应纳增值税 $=[\,2\,000 \div (1+13\%)\,] \times 13\% - [\,1\,200 \div (1+13\%)\,] \times 13\% = 92.04$（元）

（2）方案2中返还的200元现金作为销售费用处理，对增值税没有影响：

应纳增值税=[2 000÷(1+13%)]×13%−[1 200÷(1+13%)]×13%=92.04（元）

（3）方案3中赠送的商品应视同销售，计算并缴纳增值税：

应纳增值税 = [2 000÷(1+13%)×13%−1 200÷(1+13%)×13%] + [200÷(1+13%)×13%−120÷(1+13%)×13%] =101.24（元）

[筹划结论]

仅就缴纳增值税而言，采用打折促销并且将销售额和折扣额开在同一张发票上缴纳的增值税税额最低。企业在选择方案时，还应当考虑附加税、企业所得税等其他税种，从而做出最佳决策。

[知识加油站]

📎 现金折扣的税务处理

现金折扣是指企业在销售货物或提供应税劳务的行为发生后，为了鼓励购货方尽早付款而给予的付款折扣优惠。它本质上属于理财行为。税法规定，现金折扣不允许从销售企业的销售额中扣除，销售企业应当按照全部销售额计征增值税。

📎 销售折让的税务处理

销售折让是指因货物或服务质量、货物规格等原因发生的价格上的减让。企业销售货物或提供应税劳务开具增值税专用发票后，发生销售货物退回或者折让等情形，应按照增值税专用发票使用的规定开具红字增值税专用发票，从发生销售折让的当期销项税额中扣减。未按照规定开具红字增值税专用发票的，不得扣减销项税额。

    🖊 以旧换新的税务处理

采取以旧换新方式销售货物的，因为两者属于不同的业务活动，应按新货物的同期销售价格确定销售额，不得抵减旧货物的收购价格。

    🖊 还本销售的税务处理

还本销售是指纳税人在销售货物后，到一定期限由销售方一次或分次退还给购货方全部或部分价款的销售方式。还本销售的本质是销售方向购货方的融资行为。其销售额就是货物的销售价格，不得从销售额中减除还本支出。

    🖊 直销方式的税务处理

直销企业先将货物销售给直销员，直销员再将货物销售给消费者，直销企业的销售额为其向直销员收取的全部价款和价外费用；直销企业通过直销员向消费者销售货物，直接向消费者收取货款的，直销企业的销售额为其向消费者收取的全部价款和价外费用。

四、选择采购对象时的纳税筹划

企业在采购商品或服务的过程中，税负是应当考虑的重要因素。作为一般纳税人，企业在采购时要考虑增值税进项税额能否抵扣的问题。如果采购对象是一般纳税人，则通常可以取得增值税专用发票并进行税款的抵扣；如果采购对象是小规模纳税人，要区分情况对待。小规模纳税人自愿使用增值税发票系统开具或申请税务机关代开增值税专用发票的，企业可以凭专用发票进行税额的抵扣；小规模纳税人无法提供增值税专用发票的，企业应考虑对自身税负的影响。由此看来，选择不同的供应商，企业的税负是不同的。这就为通过供应商身份的选择进行纳税筹划提供了空间。

合理确定采购对象，切实降低采购成本

[案例资料]

北京永辉厨具有限公司坐落在亦庄开发区，主要生产家用高压锅、蒸锅、炒锅等不锈钢厨房用品，是增值税一般纳税人，适用的增值税税率为13%。本年初预计年销售额为1 000万元（含税价），需要采购不锈钢原材料200吨。现有甲、乙、丙三家供货商可以选择。甲为一般纳税人，每吨不锈钢含税价为3 390元，能够开具增值税专用发票，税率为13%；乙为小规模纳税人，每吨含税价为3 090元，可以自行开具增值税专用发票，征收率为3%；丙为小规模纳税人，每吨含税价为2 900元，只能开具增值税普通发票。这三家供货商的产品质量均满足永辉厨具对原材料的要求。公司本年其他可以抵扣的增值税进项税额约为15万元。那么，在确定采购对象时，公司该如何进行选择呢？

[筹划思路]

一般纳税人采购货物时，供应商有以下三种类型：

（1）一般纳税人，可以自行开具增值税专用发票；

（2）小规模纳税人，可以自行开具或由主管税务机关代开3%或5%的增值税专用发票；

（3）小规模纳税人，只能提供增值税普通发票。

一般情况下，从一般纳税人处采购原材料的含税价要比从小规模纳税人处采购的含税价高，但企业不能简单地通过比较含税价就做出判断，需

要进行价税分离，计算出原材料的采购成本和增值税税负。

[税款计算]

（1）选择甲

每吨钢材增值税进项税额 =3 390÷（1+13%）×13%=390（元）

每吨钢材采购成本 =3 390–390=3 000（元）

本期应纳增值税 =[1 000÷（1+13%）]×13%–200×390÷10 000–15

　　　　　　 =92.24（万元）

（2）选择乙

每吨钢材增值税进项税额 =3 090÷（1+3%）×3%=90（元）

每吨钢材采购成本 =3 090–90=3 000（元）

本期应纳增值税 =[1 000÷（1+13%）]×13%–200×90÷10 000–15

　　　　　　 =98.24（万元）

（3）选择丙

每吨钢材增值税进项税额 =0

每吨钢材采购成本 =2 900（元）

本期应纳增值税 =[1 000÷（1+13%）]×13%–15=100.04（万元）

通过计算可知，从甲供货商处采购原材料的增值税税负最低，但采购成本并非最低，这时应如何决策呢？ 此时，我们应计算出企业税后利润，以税后利润最大化作为决策依据。

假设企业所购原材料均被耗用，所生产产品均已出售，除原材料成本以外的其他成本费用为 500 万元（属于决策无关成本，也可以忽略），城建税税率为 7%，教育费附加为 3%，地方教育费附加为 2%，企业所得税税率为 25%，则：

税后利润=（销售收入－销售成本－当期费用－税金及附加）×（1-25%）

（1）选择甲的税后利润=[1 000÷（1+13%）-200×3 000÷10 000-500-92.24×12%]×（1-25%）=235.42（万元）

（2）选择乙的税后利润=[1 000÷（1+13%）-200×3 000÷10 000-500-98.24×12%]×（1-25%）=234.88（万元）

（3）选择丙的税后利润=[1 000÷（1+13%）-200×2 900÷10 000-500-100.04×12%]×（1-25%）=236.22（万元）

[筹划结论]

从计算结果来看，从丙供货商处购入原材料，企业能够获得的税后利润最大，应该选择该方案。从案例的计算过程可以看出，如果企业在决策时仅仅以税负的高低作为决策依据，有可能会做出不恰当的选择。比较科学、合理的决策依据是企业的税后利润即净利润，它直接反映了企业当期经营业绩的好坏和经营成果的大小。

[知识加油站]

与一般纳税人采购货物计税不同的是，小规模纳税人在采购货物时，无论从增值税一般纳税人处购进，还是从小规模纳税人处购进，所支付的价税款均计入货物采购成本，都不能作为进项税额抵扣，也就是说，其增值税税负的高低只与销售额有关，与采购对象无关。所以，小规模纳税人在选择采购对象时，选择含税价格最低的供货商就可以了，此时其采购成本最低、利润最高。

五、兼营不同税率货物或服务的纳税筹划

现在越来越多的企业都在进行多元化经营，这种不把鸡蛋放在同一个篮子里的经营方式可以降低企业的经营风险。在多元化经营中，不同业务适用的增值税税率是不同的，应当分别进行核算，否则将从高适用税率。这给企业的会计核算和账簿设置提出了更高的要求。

市场经营项目多，分别核算可节税

[案例资料]

李先生 2018 年在南京开办了茂源综合市场，经营农副产品、日用百货以及餐饮等业务。该市场属于增值税一般纳税人。2019 年 5 月，市场销售粮食、食用植物油取得含税销售额 20 万元，销售日用百货取得含税销售额 480 万元，经营快餐、风味小吃等取得 30 万元的营业收入。该市场设有三个收银岗位，但会计核算不规范，没有分别核算不同业务的销售收入。本期取得可以抵扣的进项税额 26 万元。请为该市场提出合理的节约税款的方案或建议。

[税法链接]

税法明确规定，兼营不同税率的货物或应税服务，在取得收入后，应分别如实记账，并按其所适用的税率各自计算应纳税额。纳税人兼营不同税率的货物或者应税服务，未分别核算的，从高适用税率。

[案例点评]

该市场的销售行为属于兼营不同税率的货物销售。销售粮食、食用植物油适用的增值税税率为9%；销售日用百货适用的增值税税率为13%；经营餐饮业务按照生活服务业6%的税率缴纳增值税。目前，由于该市场未能分别核算各自的销售额，因此从高适用13%的增值税税率。

[税款计算]

筹划前，未分别核算销售额，从高适用税率计算应纳增值税额：

应纳增值税=（20+480+30）÷（1+13%）×13%–26=34.97（万元）

[筹划技巧]

规范市场的会计核算，如果没有专职会计，可请代理记账机构代理记账。筹划后，分别核算不同经营项目的销售额，按不同税率分别计算应纳增值税额：

应纳增值税=[20÷（1+9%）×9%+480÷（1+13%）×13%+30÷（1+6%）×6%]–26=32.57（万元）

筹划之后为市场节约的税款=34.97–32.57=2.4（万元）

六、混合销售行为的纳税筹划

一项销售行为如果既涉及销售应税商品，又涉及提供应税劳务，如何核算应缴纳的增值税呢？税法对此进行了详细的规定。原则就是以主营业务为判断依据。

混合销售税率高，分拆业务可节税

[案例资料]

美兰空调销售公司为增值税一般纳税人，主要代理销售国内某知名品牌空调。2019年7月共计销售1 000台空调，每台销售价为3 680元（含税），购进价为3 480元（含税）。另外，在销售空调的过程中负责为客户安装，每台空调向客户收取200元（含税）安装及调试费。

[税法链接]

税法规定，一项销售行为如果既涉及货物又涉及服务，为混合销售行为。该公司销售空调的同时提供安装服务，属于混合销售行为。从事货物的生产、批发或者零售的单位和个体工商户的混合销售行为，按照销售货物缴纳增值税；其他纳税人的混合销售行为，按照销售服务缴纳增值税。混合销售行为成立的标准有两点：一是其销售行为必须是一项；二是该行为必须既涉及货物销售，又涉及应税服务。

[税款计算]

该空调销售公司从事货物的零售活动，其混合销售行为应按照销售货物缴纳13%的增值税。

2019年7月应纳增值税 $=1\,000\times[(3\,680+200)\div(1+13\%)\times13\%-3\,480\div(1+13\%)\times13\%]=46\,020$（元）

[筹划技巧]

公司可再成立一家独立核算的售后服务公司（小规模纳税人），由售后服务公司直接为客户提供安装、调试服务并收取费用。经此转换后，安装调试费被分离出来，按照 3% 的征收率缴纳增值税即可。

空调销售公司 2019 年 7 月应纳增值税 =1 000×[3 680÷（1+13%）×13%–3 480÷（1+13%）×13%]=23 010（元）

售后服务公司 2019 年 7 月应纳增值税 =1 000×200÷（1+3%）×3%=5 825.24（元）

两者合计应纳增值税 =23 010+5 825.24=28 835.24（元）

经筹划，2019 年 7 月可节约税款 =46 020–28 835.24=17 184.76（元）。

七、选择简易计税方法进行纳税筹划

简易计税方法是指按照销售额和增值税征收率来计算应纳税额的征税方法，计算公式如下：

应纳税额 = 不含税销售额 × 征收率

小规模纳税人可以按照简易计税方法计算应纳税额。根据"营改增"过渡和衔接政策的规定，一般纳税人的特定销售行为，可以选择简易计税方法计算应纳税额。

税法对一般纳税人可以选择采用简易计税方法的项目进行了详细的规定（共 28 项，见表 2-2），也就是说，对于这些项目，企业有采用抵扣法或简易计税方法的选择权，这就为纳税筹划提供了机会和空间。

表 2-2　一般纳税人选择简易计税方法的税目及税率

税目	税率
一、适用 5% 税率的项目	
1. 销售"营改增"前取得的不动产	5%
2. 出租"营改增"前取得的不动产	
3. 转让"营改增"前取得的土地使用权	
4. 房地产开发企业销售、出租自行开发的房地产老项目	
5. 一级二级公路、桥、闸（老项目）通行费	
6. 特定的不动产融资租赁	
7. 选择差额计税的劳务派遣服务	
8. 人力资源外包服务	
二、适用 3% 税率的项目	3%
1. 县级及以下小型水力发电单位生产的电力	
2. 建筑用砂、土、石料	
3. 以自己采掘的砂、土、石料或其他矿物连续生产的砖、瓦、石灰	
4. 用微生物、微生物代谢产物、动物毒素、人或动物的血液或组织制成的生物制品	
5. 自产的自来水	
6. 自来水公司销售自来水	
7. 商品混凝土（仅限于以水泥为原材料生产）	
8. 单采血浆站销售非临床用人体血液	
9. 寄售商店代销寄售物品	
10. 典当业销售死当物品	
11. 药品企业销售生物制品　–	
12. 公共交通运输服务	
13. 经认定的动漫企业为开发动漫产品提供的脚本编撰、形象设计、背景设计等服务以及在境内转让动漫版权	
14. 以清包工方式提供的建筑服务	
15. 为甲供工程提供的建筑服务	
16. 电影放映、仓储、装卸搬运、收派、文化体育服务	
17. "营改增"之前取得的有形动产经营租赁服务	

（续表）

税目	税率
18."营改增"之前签订的尚未执行完毕的有形动产租赁合同	
19.非学历教育服务	3%
20.销售电梯的同时提供安装服务	

客运公司如何选择计税方法

[案例资料]

济南某长途客运公司为增值税一般纳税人，2019年提供运输服务的营业额为5 000万元（含增值税），当年购进汽车花费800万元（不含税），购买汽油等燃料花费600万元（不含税），接受修理修配劳务支付100万元（不含税），其余可以抵扣的增值税进项税额为48万元。

[税法链接]

公共交通运输服务包括轮客渡、公交客运、地铁、城市轻轨、出租车、长途客运、班车。一般纳税人提供公共交通运输服务，属于可以选择简易计税方法的28个项目之一。选择简易计税方法时，适用3%的征收率。一般纳税人选择简易方法计算缴纳增值税的，36个月不得变更计税方法。

[税款计算]

企业作为一般纳税人，可以采用税款抵扣的计税方法，也可以采用简易计税方法。下面分别计算两种计税方法下的增值税应纳税额。

（1）选择抵扣计税方法

应纳增值税 = [5 000 ÷（1+9%）] × 9%−[（800+600+100）× 13%+48]

　　　　　　 =169.84（万元）

（2）选择简易计税方法

应纳增值税 =5 000 ÷（1+3%）× 3%=145.63（万元）

可见，选择适用简易计税方法，可以节省增值税24.21（169.84−145.63）万元。

[知识加油站]

一般纳税人选择简易计税方法的，有3%和5%两档征收率。企业在做出决策时，应视经营项目、可抵扣税额、征收率等具体问题具体分析，切忌生搬硬套。

劳务派遣公司的纳税选择

[案例资料]

上海慧通人力资源服务公司为增值税一般纳税人，提供劳务派遣服务。2019年5月提供劳务派遣服务的含税营业额为60万元，其中代用工单位支付给劳务派遣员工的工资、福利和为其办理社保和住房公积金合计40万元，购买办公用品等取得的增值税专用发票注明价款为20 000元、税款为3 200元。

说明：劳务派遣服务是指劳务派遣公司为了满足用工单位对于各类灵活用工的需求，将员工派遣至用工单位，接受用工单位管理并为其工作的服务。一般来说，派遣员工的工资等由劳务派遣公司发放，用工单位支付约定的费用给劳务派遣公司。

[税法链接]

一般纳税人提供劳务派遣服务，可以按照《财政部 国家税务总局关于全面推开营业税改征增值税试点的通知》（财税〔2016〕36 号文）的规定，以取得的全部价款和价外费用为销售额，按照一般计税方法计算缴纳增值税；也可以选择差额计税，以取得的全部价款和价外费用，扣除代用工单位支付给劳务派遣员工的工资、福利和为其办理社会保险及住房公积金后的余额为销售额，按照简易计税方法依 5% 的征收率计算缴纳增值税。

[税款计算]

（1）选择一般计税方法

劳务派遣服务属于现代服务业中的"商务辅助服务"，按照 6% 的税率计算缴纳增值税：

应纳增值税 $= 600\,000 \div (1+6\%) \times 6\% - 3\,200 = 30\,762.26$（元）

（2）选择差额计税方法

应纳增值税 $= (600\,000 - 400\,000) \div (1+5\%) \times 5\% = 9\,523.81$（元）

[筹划结论]

从以上计算结果来看，该公司采用差额计税方法税负较低。企业在进行纳税筹划时，应仔细分析业务特点和进项税额的多少，再决定采用何种计税方法。

八、不动产进项税额抵扣的纳税筹划

"营改增"之后，企业购入或者自建不动产允许进行进项税额的抵扣，这对于重资产型企业来说，是很大的利好消息。企业可以充分利用相关的政策措施，以达到最大限度地抵扣增值税进项税额的目的，从而减轻税负。

合理控制装修费，进项税额一次扣

[案例资料]

青岛市某家电制造企业成立于 2008 年，自创办以来，公司行政办公大楼一直未重新装修，部分电子设备、固定设施陈旧落后，无法满足现代化办公的需求。经董事会批准，公司于 2018 年 1 月开始对办公楼进行大装修。公司办公楼的账面原值为 800 万元，装修预算为 420 万元（不含税），其中，采购办公设备、电子设备、装修材料等预计花费 260 万元，聘请装潢设计公司进行装修设计的费用为 60 万元，装修公司装修费 100 万元。在经理办公会上，财务部王经理提出，公司可以适当压缩一下预算，将总预算控制在 400 万元以内，这样可以尽早抵扣增值税进项税额，对于缓解资金紧张的局面比较有利。董事会听取了财务部的建议，采用招投标的方式，将采购成本压缩至 240 万元，总预算控制在 400 万元以内。该公司为增值税一般纳税人，货物或服务的供应商均为一般纳税人，所购货物或服务都可以取得增值税专用发票。

[税法链接]

按照国家税务总局 2016 年第 15 号公告，纳税人 2016 年 5 月 1 日后购进货物和设计服务、建筑服务，用于新建不动产，或者用于改建、扩建、修缮、装饰不动产并增加不动产原值超过 50% 的，其进项税额应自取得之日起分 2 年从销项税额中抵扣，第 1 年抵扣比例为 60%，第 2 年抵扣比例为 40%。

[筹划思路]

按照税法规定，如果装饰不动产增加不动产原值未超过 50% 的，进项税额可以一次性抵扣，不必分两年抵扣。公司财务部提出的建议是为了尽早将进项税额抵扣完毕。

[税款计算]

（1）修改预算之前

由于装修支出超过了原值的 50%，因此需要将对应的进项税额分两年抵扣，即 2018 年抵扣 60%，2019 年抵扣 40%。公司采购设备等适用 13% 的增值税税率，购进的设计服务按照现代服务业适用 6% 的增值税税率，购进的装修服务属于建筑服务，适用 9% 的增值税税率。

2018 年可抵扣进项税额 =（ 260 × 13%+60 × 6%+100 × 9%）× 60%

=27.84（万元）

2019 年可抵扣进项税额 =（ 260 × 13%+60 × 6%+100 × 9%）× 40%

=18.56（万元）

（2）修改预算之后

2018 年可抵扣进项税额 =240 × 13%+60 × 6%+100 × 9%=43.8（万元）

经过筹划之后，公司既节省了装修成本，又可以尽早抵扣进项税额，一举两得。

九、农产品的纳税筹划

为了扶持农业和农村经济的发展，切实提高农民收入，我国政府出台了一系列农产品税收优惠政策。农产品是指种植业、养殖业、林业、牧业、水产业生产的各种植物、动物的初级产品。农产品优惠政策主要体现在以下几个方面。

（一）农产品税率优惠

我国税法对农产品规定了较低的优惠税率，其变化经历了以下几个阶段：

（1）从 1994 年 5 月 1 日起，农产品增值税税率由 17% 调整为 13%；

（2）从 2017 年 7 月 1 日起，农产品增值税税率由 13% 简并为 11%；

（3）从 2018 年 5 月 1 日起，农产品增值税税率由 11% 简并为 10%；

（4）从 2019 年 4 月 1 日起，农产品增值税税率由 10% 降低至 9%。

（二）农产品免税优惠

我国《增值税暂行条例》等规定，农业生产者销售的自产农产品免税。农业生产者包括从事农业生产的单位和个人。自产农产品是指初级农产品。

经国务院批准，自 2012 年 1 月 1 日起，对从事蔬菜批发、零售的纳税人销售的蔬菜免征增值税。

（三）进项税额抵扣优惠

根据财税〔2017〕37 号、财税〔2018〕32 号、《财政部 税务总局 海关总署关于深化增值税改革有关政策的公告》（2019 第 39 号）等文件，一般纳税人购进农产品进项税额抵扣的相关规定如下。

（1）一般纳税人购进农业生产者自产的免税农产品，可以凭取得的农产品销售发票或向农业生产者开具的农产品收购发票，按发票上注明的买价和 9% 的扣除率计算抵扣进项税额。

（2）取得一般纳税人开具的增值税专用发票或海关进口增值税专用缴款书的，以其注明的增值税税额作为进项税额。

（3）从依照 3% 征收率计算缴纳增值税的小规模纳税人处取得增值税专用发票的，以增值税专用发票上注明的金额和 9% 的扣除率计算进项税额。

（4）一般纳税人购入农产品用于生产或委托加工 13% 税率货物的，适用 10% 的扣除率计算进项税额。实务中，在购入当期，应按照 9% 计算抵扣进项税额；在生产领用当期，再加计扣除 1 个百分点。

采购蔬菜选渠道，抵扣税款是王道

[案例资料]

北京亚辰酒店位于北四环亚运村商圈，是一家三星级宾馆，提供住宿和餐饮服务，属于增值税一般纳税人。2019 年 5 月，酒店从附近的农贸批发市场购入蔬菜、鸡鸭鱼蛋等鲜活农产品。采购蔬菜共计支付 3 000 元，采购鸡鸭鱼蛋共计支付 5 000 元，只取得了增值税普通发票。酒店在报税时才发现，该进项税额无法扣除。公司财务部联系了税务师进行咨询。税务师提出了专业建议，之后亚辰酒店改变了采购对象，相应的进项税额得以抵扣。

[税法链接]

根据财税〔2017〕37号文，纳税人从批发、零售环节购进适用免征增值税政策的蔬菜，由于是免税产品，自然无法取得增值税专用发票；购进鲜活肉蛋而取得的普通发票，不得作为计算抵扣进项税额的凭证。也就是说，在流通环节，如果不能取得专用发票，是无法抵扣进项税额的。

[筹划思路]

税务师建议酒店改变目前采购农产品的渠道，从种植蔬菜、养殖禽类的农场或者农户那里直接购买农产品，这样可以凭借农场开具的普通发票或向农户开具的收购发票，按9%的扣除率计算抵扣进项税额。

筹划后：

单月可多抵扣进项税额=（3 000+5 000）×9%=720（元）

预计全年可多抵扣进项税额=12×720=8 640（元）

十、成立农民专业合作社进行纳税筹划

农民专业合作社是依据《中华人民共和国农民专业合作社法》依法注册登记的法人单位。该法对农民专业合作社的设立、登记等进行了规定。例如，在农民专业合作社的成员中，农民至少应当占成员总数的80%。我国对农民专业合作社的流转税和所得税有很大的税收优惠力度，企业在进行纳税筹划时，可以合理使用这一优惠政策。

购入山楂片的纳税筹划

[案例资料]

山东友联中药制品公司为增值税一般纳税人，每年秋季都要向种植山楂的农民大量收购山楂片，作为中药材使用。中药公司购入山楂片，农民无法开具增值税专用发票。山楂片经过洗净、切片、晾干、杀菌之后，不能再作为初级农产品。按照税法规定，中药公司开具的农产品收购发票，只能用于收购初级农产品。这样一来，中药公司购进山楂片的进项税额将无法抵扣。对此，中药公司应该如何进行纳税筹划呢？

[税法链接]

我国针对农民专业合作社的增值税税收优惠有很多：

（1）对农民专业合作社销售本社成员生产的农业产品，视同农业生产者销售自产初级农产品免征增值税；

（2）增值税一般纳税人从农民专业合作社购进的农业产品，可按9%的扣除率计算抵扣增值税进项税额；

（3）对农民专业合作社向本社成员销售的农膜、种子、种苗、化肥、农药、农机，免征增值税。

[筹划思路]

采用"公司＋农户"的形式，由中药公司出面，组织当地农民成立农民专业合作社，进行山楂片的生产和加工，然后公司再向合作社收购山楂片。根据税收优惠政策，农民专业合作社销售本社成员生产的山楂片，视同农业生产者销售自产初级农产品，免征增值税。中药公司可以开具农产品收购发票，按照 9% 的扣除率抵扣进项税额。

十一、利用增值税起征点进行纳税筹划

我国《增值税暂行条例》规定，纳税人销售额未达到财税部门规定的增值税起征点的，免征增值税；达到起征点的，依照规定全额计算缴纳增值税。需要注意的是，增值税起征点只适用于按照小规模纳税人纳税的个体工商户和个人。

小规模纳税人如何利用起征点

[案例资料]

小张在湖南某职业院校就读餐饮专业，2019 年 7 月毕业之后，和两个同学一起在深圳开了一家小龙虾料理店。由于创业初期启动资金有限，店面较小，注册登记为个体工商户。由于小店食材新鲜、口味正宗、价格实惠，因此生意还不错。秋冬季为小龙虾消费淡季，2019 年 10 月营业额为103 103 元。

请为小张设计合理的纳税筹划方案。

[税法链接]

根据财税〔2017〕76 号文，增值税小规模纳税人销售货物或者提供加工、修理修配劳务，销售服务或转让无形资产，月销售额不超过 3 万元（按季纳税 9 万元）的，自 2018 年 1 月 1 日起至 2020 年 12 月 31 日止，可享受小微企业暂免征收增值税的优惠政策。财政部、国家税务总局最新发布的财税〔2019〕13 号文规定，从 2019 年 1 月 1 日至 2021 年 12 月 31 日，对月销售额 10 万元以下（含本数）的增值税小规模纳税人，免征增值税。

[税款计算]

纳税筹划之前，小张的餐饮店作为小规模纳税人，适用 3% 的征收率。

2019 年 10 月不含税营业额 =103 103÷（1+3%）=100 100（元）

2019 年 10 月应纳增值税 =100 100×3%=3 003（元）

[筹划技巧]

2019 年 1 月 1 日之后，月销售额在 10 万元以下的小规模纳税人，可以免征增值税。如果小张通过适当打折等优惠方式，将营业额降低至 103 000 元，则可以利用增值税起征点减轻税负。

2019 年 10 月不含税营业额 =103 000÷（1+3%）=100 000（元）

2019 年 10 月营业额未超过 10 万元，符合规定的免税条件，无须缴纳增值税，相比筹划前可节省税款 3 003 元。

第三章

消费税的筹划方法与技巧

　　消费税是对特定消费品征收的一种流转税。消费税的纳税人是生产、委托加工和进口应税消费品的单位和个人。纳税人可以通过提高定价等方式将税负转嫁出去，因而消费税实际上最终由消费者承担。消费税是政府贯彻消费政策、引导消费结构、进行产业调控的重要手段，对保证政府财政收入、体现政府经济政策具有十分重要的意义

　　2019 年 9 月 26 日，国务院印发《实施更大规模减税降费后调整中央与地方收入划分改革推进方案》，提出"后移消费税征收环节并稳步下划地方"。按照健全地方税体系改革要求，在征管可控的前提下，将部分在生产（进口）环节征收的现行消费税品目逐步后移至批发或零售环节征收，拓展地方收入来源，引导地方改善消费环境。先对高档手表、贵重首饰和珠宝玉石等条件成熟的品目实施改革，再结合消费税立法对其他具备条件的品目实施改革试点。

一、消费税的征收规定

（一）税目与税率

　　我国目前消费税的税目有 15 种商品，具体可以划分为以下三类。

（1）过量消费后不利于身体健康的：烟、酒。

（2）奢侈品或高档消费品：高档化妆品、贵重首饰及珠宝玉石、高尔夫球及球具、高档手表、游艇、摩托车、小汽车。

（3）为保护生态环境、节约自然资源而不鼓励消费的商品：鞭炮焰火、成品油、木制一次性筷子、实木地板、电池、涂料。

现行的消费税税目与税率如表 3-1 所示。

表 3-1　消费税税目与税率

税目	税率
一、烟	
1.卷烟	
（1）甲类卷烟（生产或进口环节）	56% 加 0.003 元 / 支
（2）乙类卷烟（生产或进口环节）	36% 加 0.003 元 / 支
（3）批发环节	11% 加 0.005 元 / 支
2.雪茄烟	36%
3.烟丝	30%
二、酒	
1.白酒	20% 加 0.5 元 /500 克（毫升）
2.黄酒	240 元 / 吨
3.啤酒	
（1）甲类啤酒	250 元 / 吨
（2）乙类啤酒	220 元 / 吨
4.其他酒	10%
三、高档化妆品	15%
四、贵重首饰及珠宝玉石	
1.金银首饰、铂金首饰和钻石及钻石饰品	5%
2.其他贵重首饰和珠宝玉石	10%
五、鞭炮焰火	15%

（续表）

税目	税率
六、成品油	
1. 汽油	1.52 元 / 升
2. 柴油	1.2 元 / 升
3. 航空煤油	1.2 元 / 升
4. 石脑油	1.52 元 / 升
5. 溶剂油	1.52 元 / 升
6. 润滑油	1.52 元 / 升
7. 燃料油	1.2 元 / 升
七、小汽车	
1. 乘用车	
（1）气缸容量（排气量）在 1.0 升及以下的	1%
（2）气缸容量在 1.0 升以上至 1.5 升（含）的	3%
（3）气缸容量在 1.5 升以上至 2.0 升（含）的	5%
（4）气缸容量在 2.0 升以上至 2.5 升（含）的	9%
（5）气缸容量在 2.5 升以上至 3.0 升（含）的	12%
（6）气缸容量在 3.0 升以上至 4.0 升（含）的	25%
（7）气缸容量在 4.0 升以上的	40%
2. 中轻型商用客车	5%
八、摩托车	
1. 气缸容量为 250 毫升的	3%
2. 气缸容量为 250 毫升以上的	10%
九、高尔夫球及球具	10%
十、高档手表	20%
十一、游艇	10%
十二、木制一次性筷子	5%
十三、实木地板	5%
十四、电池	4%
十五、涂料	4%

（二）征税环节

消费税的征收环节主要是在生产销售环节、委托加工环节和进口环节。除卷烟之外，其他税目消费税的征税环节具有单一性。

1. 在生产销售环节征税

生产应税消费品并进行销售是消费税征收的主要环节。对于大多数消费税应税商品而言，在生产销售环节征税以后，流通环节不再缴纳消费税。

2. 在委托加工环节征税

企业委托其他单位加工的应税消费品，由受托方在向委托方交货时代收代缴税款。

3. 在进口环节征税

单位和个人进口属于消费税征税范围的货物，在进口环节要缴纳消费税，由海关代征。

除以上征税环节之外，金银首饰的消费税改在零售环节征收；卷烟除了在生产销售环节征收消费税之外，在批发环节将再征收一次。

（三）应纳税额的计算

消费税的计算方法有三种：从价定率、从量定额和复合计征。

1. 从价定率

在从价定率的计算方法下，应纳消费税额等于销售额乘以适用税率。基本计算公式为：

应纳税额 ＝ 应税消费品的销售额 × 比例税率

2. 从量定额

在从量定额的计算方法下，应纳税额等于应税消费品的销售数量乘以单位税额。基本计算公式为：

应纳税额＝应税消费品的销售数量 × 定额税率

3. 复合计征

现行消费税的征税范围中，只有卷烟、白酒采用复合计征方法。复合计征的计算方法下，既需要考虑应税消费品的销售数量，又需要考虑应税消费品的销售额。基本计算公式为：

应纳税额＝应税消费品的销售数量 × 定额税率＋应税销售额 × 比例税率

二、设立销售子公司降低税基

消费税具有单一性，即只在应税消费品生产、委托加工或者进口环节一次性征收，流通环节不再重复征收。对于采用从价定率计税方法的应税消费品来说，生产销售环节的出厂价格决定了税负的高低。同理，采用复合计征方法的消费品，应纳税额也会受到出厂价格的影响。

纳税人可以设立独立核算的销售子公司，先降低生产销售环节应税消费品的售价，然后将应税消费品按降低后的价格卖给销售子公司，销售子公司再按照原先正常的市价对外销售。由于此环节只需要缴纳增值税，无需再缴纳消费税，因此可以使集团整体的消费税税负下降，而整体的增值税税负保持不变。

采用该筹划方法需要注意：

（1）生产销售环节的售价不能过低，否则主管的税务机关有权进行纳税调整；

（2）设立独立核算的销售子公司，必然会增加公司设立的相关支出，企业需要在增加的支出和节约的税款之间进行权衡，做出有利的决策。

白酒企业税负高，转换形式可节税

[案例资料]

北京某酒厂位于顺义区，主要生产粮食白酒。以往的白酒都是发货给批发商和经销商来代销。每箱白酒的出厂价为400元，批发商和经销商以500元／箱的市场统一价面向消费者销售。最近几年，越来越多的消费者通过网络购买白酒。为了迎合市场需要和消费者购物方式的转变，企业营销部抓住商机，在淘宝、京东等电子商务平台开办了直营店，由专人负责网店销售。据统计，2019年消费者累计通过网店购买白酒5 000箱（每箱20斤）。眼看网络销售日渐火爆，考虑到白酒的消费税税负比较重，公司财务经理向总经理提出，可以设立独立核算的电商销售子公司。生产企业先以每箱400元的价格将白酒卖给销售公司，销售公司再以500元／箱的价格卖给消费者，这样可以减轻消费税税负。总经理经过慎重考虑，最终同意了该方案。

[税法链接]

《国家税务总局关于加强白酒消费税征收管理的通知》（国税函〔2009〕380号）明确规定，若白酒生产企业消费税计税价格低于销售单位对外销售价格70%以下的，最低计税价格由税务机关根据情况在对外销售价格的

50%～70% 范围内自行核定。其中，生产规模较大、利润水平较高的企业生产的需要核定消费税最低计税价格的白酒，税务机关核价幅度原则上选择在销售单位对外销售价格 60%～70% 的范围内。

[筹划思路]

采用从价定率或复合计征的方法征收消费税的商品，如果以市场价格直接销售，消费税从价的部分自然是按市价计算；如果设立独立核算的销售子公司，生产企业先将商品以较低的出厂价卖给销售公司，销售公司再以市场价格出售，就可以按照出厂价格计算消费税，从而降低税负。

[筹划技巧]

由于税收政策对白酒消费税最低计税价格做出了规定，因此使相关企业的纳税筹划工作存在一定的限制和困难。本案例中，白酒每箱 400 元的出厂价格高于 350（500×70%）元，按照国税函〔2009〕380 号文件的规定，白酒生产企业消费税计税价格高于销售单位对外销售价格 70% 以上的，税务机关暂不核定消费税最低计税价格。因此，该筹划方案是可行的。

[税款计算]

筹划前：应纳消费税 =5 000×500×20%+5 000×20×0.5=550 000（元）

筹划后：应纳消费税 =5 000×400×20%+5 000×20×0.5=450 000（元）

节约税款 =550 000–450 000=100 000（元）

三、组合销售的纳税筹划

我国《消费税暂行条例》规定，企业将不同税率的应税消费品组成成套消费品销售的，从高适用税率。那么，如何进行纳税筹划呢？企业可以采用"先销售后包装"的方式，让经销商等销售渠道成为承担包装任务的主体，这样，企业就不必从高适用消费税税率了。这种筹划方法适合高档化妆品、礼品套装酒等应税消费品的销售计税。

组合销售税负高，包装时机选择好

［案例资料］

北京美佳公司是一家生产护肤护发品、化妆品等美容产品的有限责任公司，成立十几年来，由于坚持精耕细作，在市场上积累了不错的口碑，产品销量比较稳定。公司的拳头产品是"佳欣"牌美颜护发套装，每套套装由几种不同的产品组成，出厂价为一瓶粉底液 100 元、一只粉饼 40 元、一支口红 60 元、一瓶睫毛膏 50 元，以上均属于高档化妆品；一瓶洗发水 40 元、一瓶护发素 30 元；睫毛夹、眼线笔等化妆工具 80 元。该套装出厂价总计 400 元，市场柜台零售价为 500 元。公司全年套装销量为 20 万套。随着时间推移，美容产品的市场竞争逐步加剧，企业的利润空间越来越小。股东对公司的经营业绩提出质疑，管理层如履薄冰。公司总经理决定挖掘进一步提高利润的可能性，于是请管理咨询公司前来考察和调研。咨询师通过一段时间的实地观察、访谈和调查，提出了一系列的管理建议，其中一条是改变套装产品的包装时机，将产品按类别先销售给零售商，财务上分别核算销售收入，再由零售商进行包装后对外销售。这样做只是改变了包装时间和地点，并没有改变最终产品形态，对消费者没有影响。

[税法链接]

纳税人将应税消费品与非应税消费品，以及适用不同税率的应税消费品组成成套消费品销售的，应根据销售金额按应税消费品的最高税率纳税。

[筹划思路]

成套化妆品属于"高档化妆品"范畴，需要缴纳消费税，税率为15%。然而，分析成套化妆品可以发现，其中的洗发护发品、护肤品和化妆工具不属于高档化妆品，如果连同其他应税消费品一起缴税，企业税负就会较高。因此，筹划思路是将非应税消费品单独剥离出来，这样就能降低税负。

[税款计算]

筹划前：全年应纳消费税 =20×400×15%=1 200（万元）

筹划后：应纳消费税 =20×（100+40+60+50）×15%=750（万元）

节约税款 =1 200–750=450（万元）

四、兼营不同税率业务的纳税筹划

企业兼营不同税率的应税消费品时，应当分别核算不同税率应税消费品的销售额、销售数量，未分别核算的，应从高适用税率。对此，企业应当做的工作是规范会计核算，设置二三级明细科目对各种商品进行明细分类核算。

兼营业务莫混淆，分开核算税负低

[案例资料]

四川某小酒厂2019年12月生产并销售白酒15吨，实现销售收入150万元，同时销售药酒5吨，实现销售收入30万元。由于酒厂规模较小，客户主要为个人，财务核算不健全，并未对销售额进行明细分类核算。

[税法链接]

纳税人兼营多种不同税率的应税消费品，应当分别核算不同税率应税消费品的销售额、销售数量；未分别核算销售额、销售数量的，从高适用税率。

[筹划思路]

该案例中，白酒适用的计税方法为复合计征，税率为20%加0.5元/500克；药酒适用的是比例税率，税率为10%。可见，白酒税率较高。如果企业混合核算的话，所有商品都要按照白酒的税率缴纳消费税。因此，企业应规范会计核算，不同税率的应税消费品分别核算各自的销售额，这样就可以按照不同的税率分别纳税，从而降低税负。

[税款计算]

（1）筹划前

该月应缴纳消费税 =（1 500 000+300 000）×20% +（15+5）×2 000×0.5

＝380 000（元）

（2）筹划后

该月应缴纳消费税 =（1 500 000×20%+15×2 000×0.5）+300 000×10%

＝345 000（元）

（3）节约税款

节约税款 =380 000–345 000=35 000（元）

五、自产自用应税消费品的纳税筹划

我国《消费税暂行条例》规定，纳税人自产自用的应税消费品，用于连续生产应税消费品的，不纳税；凡用于其他方面的，如纳税人将自产自用应税消费品用于生产非应税消费品、在建工程、职工福利、广告、样品、捐赠等，应于移送使用时纳税。

纳税人自产自用应税消费品的，按照纳税人当月销售的同类消费品的销售价格计税。如果当月无销售价格或者当月未完结，则按照同类消费品上月或者最近月份的销售价格计税。没有同类消费品销售价格的，按照组成计税价格计税。而组成计税价格在计算时，必须考虑企业产品的生产成本，此时，企业可以采用降低生产成本的方法来减轻税负。

📖　改变费用分摊方法，降低组成计税价格

[案例资料]

某酒厂主要生产红葡萄酒，2019 年 12 月专门生产了 15 吨白酒，发给职工作为过年期间的福利。该企业从来没有外销过该种白酒，经查每吨白酒的生产成本为 1 982 元。税法规定，该类白酒的全国平均成本利润率为 5%。在缴纳消费税时，酒厂发现税负较高，于是，征求咨询公司的意见。咨询公司实地调查之后发现，由于企业规模不大，白酒和红葡萄酒是在同

一车间生产的，白酒需要的人工比较多，但机器工时比较少；而红葡萄酒需要的人工少，但机器工时比较多。根据企业的生产工艺和制造流程，咨询公司提出将目前的制造费用分摊方法由人工工时法改为机器工时法。

[税法链接]

税法规定，如果纳税人将自产的应税消费品用于职工福利、捐赠、个人消费等方面，应视同销售，在移送使用时按规定的税率计算缴纳消费税。纳税人自产自用的应税消费品计税依据为当月销售的同类产品的销售价格。同类产品当月有多个销售价格的，按加权平均价格计算。没有当月销售价格的，按上月或最近月份的销售价格计税。如无同类产品销售，按组成计税价格计税。

组成计税价格的计算：

从价定率的组成计税价格 =（成本 + 利润）÷（1- 比例税率）

复合计税的组成计税价格 =（成本 + 利润 + 自用数量 × 定额税率）÷（1- 比例税率）

[筹划思路]

根据税法规定可知，生产成本是计算组成计税价格的重要因素，而产品的生产成本包括直接材料费、直接人工费和分摊的制造费用三大部分。车间的制造费用可以按工人工时、机器工时、工人工资、材料费用、作业成本等在不同的完工产品之间进行分配。企业采用不同的制造费用分摊方法，同一产品分摊的制造费用可能会产生差异。企业可以通过改变制造费用的分摊方法，使税率低的应税消费品多分摊制造费用，税率高的应税消费品少分摊制造费用，从而降低高税率应税消费品的生产成本和组成计税价格，最终达到降低消费税的目的。

[税款计算]

（1）筹划前

组成计税价格 =（1 982×15+1 982×15×5%+15×2 000×0.5）÷（1–20%）

= 57 770.63（元）

应纳消费税 = 57 770.63×20%+15×2 000×0.5 = 26 554.13（元）

（2）筹划后

假设企业将每吨白酒的生产成本降至 1 500 元，则：

组成计税价格 =（1 500×15+1 500×15×5%+15×2 000×0.5）÷（1–20%）

=48 281.25（元）

应纳消费税 =48 281.25×20%+15×2 000×0.5=24 656.25（元）

（3）节约税款

节约税款 =26 554.13–24 656.25=1 897.88（元）

六、以物易物如何更节税

企业在经营过程中，可能会与其他企业进行物物交换等非货币性交易。对于纳税人将自己生产的应税消费品用于换取生产资料和消费资料、投资入股和抵偿债务的，应当以纳税人同类应税消费品的最高销售价格作为计税依据计税。如果企业同类应税消费品最高销售价格过高，企业可以先将应税消费品变卖，然后再进行交换、投资和抵债。

物物交换，并非看上去的那么美

[案例资料]

重庆力豪摩托车有限公司生产并对外销售大排量摩托车，2019年9月以30辆排量为300毫升的摩托车与重庆某钢铁制造企业换取钢材作为原材料。双方按协商时的市场价格进行交换，摩托车当时的市场价为4 500元/台。交换之后，公司发现在缴纳消费税时，要按照摩托车的历史最高售价5 000元/台计算消费税，对此该公司找到税务咨询公司进行咨询。咨询公司建议该公司以后尽量避免采用物物交换的方式购买原材料。

[税法链接]

我国税法规定，纳税人自产的应税消费品用于换取生产资料和消费资料、投资入股或抵偿债务等方面，应当视同销售，按照纳税人同类应税消费品的最高销售价格作为计税依据。

[筹划思路]

物物交换的消费税税负很高。一般交换双方按市场价进行商品交换，如果交换时的市场价格低于企业同类商品的最高销售价格，对企业纳税不利。此时，企业应先将产品按市场价对外出售，再用出售的价款购买目标商品。这样操作可以降低消费税税负。

[税款计算]

按税法规定，排量在250毫升以上的摩托车，消费税税率为10%。

筹划前：企业应缴纳消费税 =30×5 000×10%=15 000（元）

筹划后：企业应缴纳消费税 =30×4 500×10%=13 500（元）

节约税款 =15 000–13 500=1 500（元）

七、包装物的纳税筹划

企业应税消费品连同包装物一起销售的，无论包装物是否单独计价，以及在会计上如何核算，均应并入应税消费品的销售额中缴纳消费税。如果包装物不作价随同产品销售，而是收取押金，则此项押金不应并入应税消费品的销售额中征税。但对因逾期不再退还的或者收取的时间超过 12 个月的押金，应并入应税消费品的销售额，按应税消费品的适用税率缴纳消费税。

企业要想降低税基，应避免包装物作价随同产品出售，尽量采取收押金的形式，即使是超过 12 个月的押金，需要并入应税消费品的销售额，按应税消费品的适用税率征收消费税，企业也可以递延 1 年再缴纳消费税。

先包装后销售，还是先销售后包装

[案例资料]

某卷烟厂生产销售精装礼品烟 10 标准箱，取得不含增值税的销售收入 300 000 元，其中包括价值 270 000 元的卷烟和价值 30 000 元的高档包装礼盒。该礼盒发给省内指定的经销商，由经销商对外零售。已知该类卷烟消费税税率为 56%，定额税率为 150 元 / 标准箱。请对该项销售进行纳税筹划。

［税法链接］

分析该项业务发现，包装物价值较高。税法规定，包装物随同应税消费品作价出售，无论包装物是否单独计价，也不论在会计上如何核算，均应并入应税消费品的销售额中，按其所包装消费品的适用税率征收消费税。

［筹划思路］

包装礼盒单价较高，企业可以将卷烟和包装物按照各自的价格分别销售给零售商，再由零售商包装后对外销售。这样，卷烟厂就不必针对包装物本身缴纳消费税。

［税款计算］

筹划前：应纳消费税 =300 000 × 56%+150 × 10=169 500（元）

筹划后：应纳消费税 =270 000 × 56%+150 × 10=152 700（元）

节约税款 =169 500–152 700=16 800（元）

八、利用税收临界点进行纳税筹划

在消费税的税目税率表中，有一些税目对于同一种产品根据价格的差异制定了不同的税率或税额，例如，卷烟根据每标准条的调拨价格是否在70元及以上，分为甲类卷烟和乙类卷烟；啤酒根据每吨出厂价是否在3 000元及以上，分为甲类啤酒和乙类啤酒等。对于这类应税消费品，当企业的销售价格位于临界点附近时，税后收入存在较大的差异。企业应考虑消费税的影响，将价格降到临界点之下，征税可以适用低一档税率，从而使税后净收入更高。

巧用税收临界点，提高税后净收入

[**案例资料**]

某啤酒生产企业最近研发生产了一款低酒精度啤酒，拟制定的出厂价为 3 010 元 / 吨。根据税法规定，每吨出厂价在 3 000 元及以上的为甲类啤酒，单位消费税税额为 250 元 / 吨；在 3 000 元以下的，单位消费税税额为 220 元 / 吨。如果你是该企业的财务咨询顾问，请问该企业这个定价是否妥当？

[**筹划思路**]

（1）如果该企业啤酒的每吨出厂价为 3 010 元，则：

每吨税后净收入 =3 010–250=2 760（元）

（2）如果该企业将啤酒的每吨出厂价调减为 2 990 元，则：

每吨税后净收入 =2 990–220=2 770（元）

经过比较，企业将每吨啤酒的定价定为 2 990 元，税后净收入更高。

如果再考虑增值税、城市维护建设税和教育费附加，则企业降低售价获得的经济利益更多。

九、巧用纳税义务发生时间延迟纳税

（一）纳税义务发生时间的规定

1. 销售应税消费品

（1）纳税人采取赊销和分期收款结算方式的，其纳税义务发生时间为销售合同规定的收款日期的当天。

（2）纳税人采取预收货款结算方式的，其纳税义务发生时间为发出应税消费品的当天。

（3）纳税人采取托收承付和委托银行收款方式销售应税消费品的，其纳税义务发生时间为发出应税消费品并办妥托收手续的当天。

（4）纳税人采取其他结算方式的，其纳税义务发生时间为收讫销售款或者取得索取销售款的凭据的当天。

2. 自产自用应税消费品

企业自产自用应税消费品，其纳税义务发生时间为移送使用的当天。

3. 委托加工应税消费品

企业委托加工应税消费品，其纳税义务发生时间为纳税人提货的当天。

4. 进口应税消费品

企业进口的应税消费品，其纳税义务发生时间为报关进口的当天。

（二）纳税义务发生时间的筹划

企业采用的销售结算方式不同，纳税义务发生的时间也不同。虽然所缴纳的税款总体上来说是相同的，但由于缴纳税款的时间不同，企业实际获得的经济利益是不同的。纳税筹划的要点是尽可能采取最有利的结算方式，获取最大的资金时间价值。

准确把握纳税义务发生时间

[案例资料]

上海安安化妆品有限责任公司主要生产女士高档化妆品。2019 年底，公司赵经理发现，企业的应收账款累计已经有 2 000 多万元，由于大量业务没有回款，税款却要先行缴纳，公司现金流出现问题，资金周转困难。公司聘请税务咨询公司来进行诊断，税务师李霞发现该公司存在以下两笔问题业务。

（1）2019 年 8 月 18 日，公司与上海某商场签订了一份化妆品销售合同，金额为 100 万元（不含增值税，下同），货物于次日发给该商场，双方约定货款在 2019 年底之前分 3 次支付。由于合同中没有明确销售方式，也没有具体的收款日期，财务人员于 2019 年 8 月底计提并缴纳消费税税款 15（100×15%）万元。

（2）2019 年 11 月 8 日，公司与北京某商场签订一笔销售合同，合同标的为 80 万元，双方约定货物于 2020 年 4 月 30 日发出，商场已经提前将货款汇给了安安公司。公司会计在 2019 年 11 月底计算并缴纳消费税 12 万元。

经过分析，税务师李霞认为公司销售人员不熟悉合同的书立对税收的影响，而财务人员对待税收问题又过于谨慎，导致没有合理利用纳税义务发生时间，税款的缴纳时间过早。

[税法链接]

我国税法对消费税纳税义务发生时间做出了以下规定。

（1）纳税人采取分期收款结算方式的，纳税义务发生时间为书面合同约定的收款日期的当天；无书面合同或书面合同没有约定收款日期的，为发出应税消费品的当天。

（2）纳税人采取预收货款结算方式的，纳税义务发生时间为发出应税消费品的当天。

[筹划思路]

税法对不同销售方式规定了不同的纳税义务发生时间，企业要利用这个规定进行纳税安排。筹划的要点在于：明确具体的销售方式和收款日期，推迟纳税义务发生时间。

对于业务（1），由于合同中没有明确具体的收款日期，因此纳税义务发生时间为货物发出的当天，即"2019年8月19日"。如果公司销售人员在合同签订时明确"分期收款结算方式销售"，并约定3次具体的收款日期，则纳税义务发生时间为"销售合同规定的收款日期的当天"，企业就可以将15万元税金分成3次缴纳，而不必在2019年8月底一次性缴纳税款。

对于业务（2），该笔销售属于"预收货款结算方式销售"。由于该公司会计对纳税义务发生时间理解不到位，所以税款缴纳过早。按税法规定，该笔业务的纳税义务应发生于2020年4月30日，公司可以延期5个月再缴纳税款。

第四章

企业所得税的筹划方法与技巧

　　企业所得税是我国对境内企业或其他组织取得的所得征收的一种税。企业所得税是除增值税之外的另一大税种，对企业经营活动和收益分配的影响较大。如何在合法范围内利用纳税筹划降低企业所得税税负，增加企业自有资金，从而提高在市场中的竞争力，是企业的一项重要决策。

一、企业所得税的计算

（一）应纳税所得额的确定

　　应纳税所得额是企业所得税的计税依据，按照我国《企业所得税法》的规定，应纳税所得额为企业每一个纳税年度的收入总额，减除不征税收入、免税收入、各项扣除以及允许弥补的以前年度亏损后的余额。计算公式为：

应纳税所得额＝收入总额－不征税收入－免税收入－各项扣除金额－允许弥补的以前年度亏损

　　企业也可以采用间接法，对当期会计利润按照所得税法的规定进行调整，得到应纳税所得额。计算公式为：

应纳税所得额＝会计利润总额 ± 纳税调整项目金额

（二）税率的规定

企业所得税实行比例税率。

1. 基本税率

企业所得税基本税率为 25%，适用于居民企业，以及在中国境内设有机构、场所且所得与机构、场所有关联的非居民企业。

2. 低税率

低税率为 20%，适用于在中国境内未设立机构、场所，或虽设立机构、场所但取得的所得与其所设立的机构、场所没有实际联系的非居民企业。但是，实际征税的时候适用 10% 的优惠税率。

我国对于小微企业，减按 20% 的税率征收企业所得税。

（三）应纳税额的计算

$$应纳税额 = 应纳税所得额 \times 适用税率$$

二、利用产业政策进行纳税筹划

我国《企业所得税法》中规定了很多税收优惠条款，企业可以根据自身情况，灵活选择税收优惠，如产业优惠、区域优惠等，以达到减轻税负的目的。可以说，利用税收优惠是企业所得税非常重要的筹划方法。

（一）投资于农、林、牧、渔业的优惠

企业从事下列项目的所得，免征企业所得税：

（1）蔬菜、谷物、薯类、油料、豆类、棉花、麻类、糖料、水果、坚果的种植；

（2）农作物新品种的选育；

（3）中药材的种植；

（4）林木的培育和种植；

（5）牲畜、家禽的饲养；

（6）林产品的采集；

（7）灌溉、农产品初加工、兽医、农技推广、农机作业和维修等农、林、牧、渔服务业项目；

（8）远洋捕捞。

企业从事下列项目的所得，减半征收企业所得税：

（1）花卉、茶以及其他饮料作物和香料作物的种植；

（2）海水养殖、内陆养殖。

（二）投资于公共基础设施项目的优惠

企业从事国家重点扶持的公共基础设施项目的投资经营所得，自项目取得第一笔生产经营收入所属纳税年度起，第一年至第三年免征企业所得税，第四年至第六年减半征收企业所得税。

（三）投资于环境保护、节能节水项目

企业从事符合条件的环境保护、节能节水项目的所得，自项目取得第

一笔生产经营收入所属纳税年度起，第一年至第三年免征企业所得税，第四年至第六年减半征收企业所得税。

（四）投资于新兴产业的优惠

新办的集成电路设计企业和符合条件的软件企业，经认定后，在2017年12月31日前自获利年度起计算优惠期，第一年和第二年免征企业所得税，第三年至第五年按照25%的法定税率减半征收企业所得税，并享受到期满为止。

产业税收优惠多，项目选择是关键

[案例资料]

上海新世界投资有限公司主要经营项目的股权投资和运营管理，经过前期的调研和筛选，投资经理提出了三个投资项目。

一是在上海周边农村进行无污染的绿色蔬菜种植基地的投资，理由是人们对食品安全和自身健康问题越来越重视，因而该项目有良好的发展前景。

二是在云南腾冲投资薰衣草种植园，理由是熏香、精油等产品深受都市年轻女性消费者的青睐，故市场空间很大。

三是在江苏进行新型家庭洗涤日化品的投资，理由是该项目的产品属于日常生活必需品，市场需求旺盛。

这三个项目的投资预算均为2 000万元，经过大致测算，投资报酬率均为10%左右。根据我国《企业所得税法》的规定，该公司选择哪个项目更划算呢?

[筹划思路]

该案例中，三个项目的投资额和预期投资报酬率均相同，具体选择哪一个项目，要看企业所得税税负哪个更轻。按照我国《企业所得税法》的规定，第一个项目为蔬菜种植，免征企业所得税；第二个项目为香料作物的种植，减半征收企业所得税；第三个项目无优惠，按照 25% 的税率征收企业所得税。因而，在同等条件下，应优先选择第一个项目进行投资。

三、创造条件成为高新技术企业

为了鼓励和扶持高新技术企业的发展，我国对高新技术企业的企业所得税实施优惠政策。

（一）高新技术企业的界定

根据科技部、财政部、国家税务总局在 2016 年发布的《高新技术企业认定管理办法》，高新技术企业是指在《国家重点支持的高新技术领域》内，持续进行研究开发与技术成果转化，形成企业核心自主知识产权，并以此为基础开展经营活动，在中国境内（不包括港、澳、台地区）注册的居民企业。

国家重点支持的高新技术领域包括电子信息、生物与新医药、航空航天、新材料、高技术服务、新能源与节能、资源与环境、先进制造与自动化这八大领域。

（二）高新技术企业的认定

根据《高新技术企业认定管理办法》的规定，认定为高新技术企业必须同时满足以下八项条件。

（1）企业申请认定时须注册成立一年以上。

（2）企业通过自主研发、受让、受赠、并购等方式，获得对其主要产品（服务）在技术上发挥核心支持作用的知识产权的所有权。

（3）对企业主要产品（服务）发挥核心支持作用的技术属于《国家重点支持的高新技术领域》规定的范围。

（4）企业从事研发和相关技术创新活动的科技人员占企业当年职工总数的比例不低于10%。

（5）企业近三个会计年度（实际经营期不满三年的按实际经营时间计算）的研究开发费用总额占同期销售收入总额的比例符合如下要求。

① 最近一年销售收入小于5 000万元（含）的企业，比例不低于5%。

② 最近一年销售收入在5 000万元至2亿元（含）的企业，比例不低于4%。

③ 最近一年销售收入在2亿元以上的企业，比例不低于3%，其中企业在中国境内发生的研究开发费用总额占全部研究开发费用总额的比例不低于60%。

（6）近一年高新技术产品（服务）收入占企业同期总收入的比例不低于60%。

（7）企业创新能力评价应达到相应要求。

（8）企业申请认定前一年内未发生重大安全、重大质量事故或严重环境违法行为。

（三）高新技术企业的税收优惠

我国《企业所得税法》规定，对于国家需要重点扶持的高新技术企业，减按 15% 的税率征收企业所得税，不再做地域限制，在全国范围都适用。企业可以对照高新技术企业的认定条件，弥补自身不足，积极申报资格认定，以享受优惠政策。

四、合理选择投资区域减轻税负

（一）西部地区的税收优惠

为了加快我国西部地区的经济发展，政府针对西部地区投资制定了税收优惠政策。

西部地区企业所得税的主要优惠政策如下。

（1）对于设立在西部地区的国家鼓励类产业企业，2011 年 1 月 1 日至 2020 年 12 月 31 日，减按 15% 的税率征收企业所得税。国家鼓励类产业企业，是指以《产业结构调整指导目录》中规定的产业项目为主营业务，且占企业总收入 70% 以上的企业。

（2）对在西部地区新办交通、电力、水利、邮政、广播电视企业，上述项目业务收入占企业总收入 70% 以上的，可以享受企业所得税"两免三减半"优惠政策，具体规定如下：

①内资企业自开始生产经营之日起，第 1 年至第 2 年免征企业所得税，第 3 年至第 5 年减半征收企业所得税；

②外商投资企业经营期在 10 年以上的，自获利年度起，第 1 年至第 2 年免征企业所得税，第 3 年至第 5 年减半征收企业所得税。

（3）对设在赣州市的鼓励类产业的内资企业和外商投资企业，减按 15% 的税率征收企业所得税。

（二）民族自治地方的税收优惠

民族自治地方的自治机关对管辖区域内的企业应缴纳的企业所得税中属于地方分享的部分，可以决定减征或免征。自治州、自治县决定减征或免征的，须报省、自治区、直辖市人民政府批准。

（三）如何利用投资区域进行纳税筹划

新办企业可以选择税负较低的地区进行投资，享受税收优惠。例如，在西部地区、保税区等注册成立公司。

对于已经成立的企业来说，如果已具备其他享受税收优惠的条件，只是由于注册地点不在特定区域而不能享受优惠的，可以考虑迁移注册地。当然，迁移注册地会受到企业搬迁费用、客户开拓、员工通勤等多种因素的制约，绝非易事。

老企业如果整体迁移不现实的话，可以采取设立子公司、投资当地企业、进行产权重组等形式，达到享受区域税收优惠的目的。

五、利用小型微利企业的优惠政策

（一）小型微利企业的定义

小型微利企业（以下简称"小微企业"）有两个典型特征：小型和微利。我国《企业所得税法》从税收指标、员工人数和资产规模三个方面对小微企业进行了界定。根据《财政部 国家税务总局关于实施小微企业普惠性税收减免政策的通知》（财税〔2019〕13号），小型微利企业是指从事国家非限制和禁止行业，且同时符合"年度应纳税所得额不超过300万元，从业人数不超过300人，资产总额不超过5 000万元"三个条件的企业。

（二）小微企业的企业所得税优惠

我国对小微企业的企业所得税优惠包括税率优惠和税基优惠两种形式。

1. 税率优惠

根据《企业所得税法》的规定，小微企业减按20%的税率征收企业所得税。

2. 税基优惠

小微企业的税基优惠是指在应纳税所得额的基础上直接减按一定的比例（通常是减半）征收。我们不妨回顾一下近些年来小微企业税基优惠的变化过程：

（1）从2010年1月1日至2011年12月31日，对年应纳税所得额低于3万元（含3万元）的小微企业，其所得减按50%计入应纳税所得额。

（2）从 2012 年 1 月 1 日起，减半征税的年应纳税所得额扩大到 6 万元（含 6 万元）以下。

（3）从 2014 年 1 月 1 日起，减半征税的年应纳税所得额扩大到 10 万元（含 10 万元）以下。

（4）从 2015 年 1 月 1 日起，减半征税的年应纳税所得额扩大到 20 万元（含 20 万元）以下。

（5）从 2015 年 10 月 1 日起，减半征税的年应纳税所得额扩大到 30 万元（含 30 万元）以下。

（6）从 2017 年 1 月 1 日起，减半征税的年应纳税所得额扩大到 50 万元（含 50 万元）以下。

（7）从 2019 年 1 月 1 日起，对小型微利企业年应纳税所得额不超过 100 万元的部分，减按 25% 计入应纳税所得额；对年应纳税所得额超过 100 万元但不超过 300 万元的部分，减按 50% 计入应纳税所得额。

不难看出，我国对小微企业的所得额优惠上限标准不断提高，所得税优惠幅度越来越大。

就纳税筹划来说，企业可以根据小微企业税率低和税基减征的优惠政策，当应纳税所得额在临界点上下波动时进行合理筹划，争取最大限度地利用政策红利。

合理利用临界点，小微企业税负降

［案例资料］

江西盛德陶瓷公司位于景德镇市，由几名返乡创业的大学生发起成立。

公司主要生产高端陶瓷用品，如高档茶具、精美定制工艺品等。经过 3 年的发展，2019 年末公司资产总额达到 1 000 万元，有员工 60 人。2019 年 12 月初，公司财务经过测算，预计将实现应纳税所得额 302 万元。请针对该公司的情况提出纳税筹划方案。

[筹划思路]

纳税人可以利用企业所得税税率的差异，事先增加一些合理的费用支出，将应纳税所得额降低至 300 万元以下，从而达到小微企业的标准，进而减轻税负。

[筹划技巧]

2019 年 12 月底提前安排一笔 20 000 元的费用，例如，采购办公用品、支付审计费用等，只要这些费用在计算应纳税所得额时能够扣除，则全年应纳税所得额 =302–2=300（万元）。根据小微企业的三个认定标准，盛德陶瓷公司属于小微企业，可以享受小微企业的税收优惠政策，即企业年应纳税所得额不超过 100 万元的部分，减按 25% 计入应纳税所得额；对超过 100 万元但不超过 300 万元的部分，减按 50% 计入应纳税所得额。

[税款计算]

筹划前：应纳企业所得税 =302×25%=75.5（万元）

筹划后：应纳企业所得税 =100×25%×20%+200×50%×20%=25（万元）

通过对比可知，筹划后节税 50.5 万元，节税效果显著。

六、技术转让所得的纳税筹划

《企业所得税法》规定：一个纳税年度内，居民企业技术转让所得不超过 500 万元的部分，免征企业所得税；超过 500 万元的部分，减半征收企业所得税。

（一）技术转让的范围

技术转让的范围包括居民企业转让专利技术、计算机软件著作权、集成电路布图设计权、植物新品种、生物医药新品种、5 年（含）以上非独占许可使用权，以及财政部和国家税务总局确定的其他技术。

（二）技术转让所得的计算

技术转让所得的计算公式为：

技术转让所得 = 技术转让收入 - 技术转让成本 - 相关税费

或，技术转让所得 = 技术转让收入 - 无形资产摊销费用 - 相关税费 - 应分摊的期间费用

（三）享受优惠的条件

享受减免企业所得税优惠的技术转让应符合以下条件。

（1）享受优惠的技术转让主体是《企业所得税法》规定的居民企业。

（2）技术转让属于财政部、国家税务总局规定的范围。

（3）境内技术转让经省级以上科技部门认定。

（4）向境外转让技术经省级以上商务部门认定。

（5）国务院税务主管部门规定的其他条件。

需要注意的一点是，享受技术转让所得减免企业所得税优惠的企业，应单独计算技术转让所得，并合理分摊企业的期间费用；没有单独计算的，不得享受技术转让所得的企业所得税优惠。

技术转让所得高，分期纳税好处多

[案例资料]

深圳中联公司从事通信设备制造业，由于公司多年注重研发，因此取得了多项研究成果并申请了专利。2019年12月5日，公司以1 600万元的价格转让一项通信专利技术，技术转让成本和相关税费、分摊的期间费用等为600万元，请对该项技术转让业务进行纳税筹划。

[筹划思路]

在技术转让所得超过500万元的情况下，可以利用递延技术，采用分期收款的方式，将超过500万元的所得分摊到以后年度，从而完全利用免征企业所得税的优惠。就本例而言，该公司在签订技术转让合同时，应明确分期收款的结算方式，2019年收取800万元技术转让款，2020年再收取800万元技术转让款。

[税款计算]

（1）筹划前

技术转让所得 =1 600–600=1 000（万元）

免税的部分 =500（万元）

应纳企业所得税＝（1 000–500）×25%×50%=62.5（万元）

（2）筹划后

2019年：

技术转让所得 =800–300=500（万元）

应纳企业所得税 =0

2020年：

技术转让所得 =800–300=500（万元）

应纳企业所得税 =0

筹划之后应纳企业所得税合计 =0

七、利息费用的纳税筹划

（一）利息费用税前扣除的规定

我国《企业所得税法》对普通企业（指非金融企业）利息费用的税前扣除，做了如下规定。

（1）在生产、经营期间，向金融机构借款的利息支出，按照实际发生数扣除。

（2）向非金融机构借款的利息支出，不高于按照金融机构同期同类贷款利率计算的数额的部分，准予扣除。

（3）向内部职工或个人借款的利息支出，符合以下条件的，在不超过按照金融企业同期同类贷款利率计算的数额的部分，准予扣除：① 借贷真实、合法、有效；② 企业与个人签订了借款合同。

（4）企业向关联方借款的，企业从其关联方接受的债权性投资与权益性投资的比例超过规定标准而发生的利息支出，不得在计算应纳税所得额时扣除。

《关于企业关联方利息支出税前扣除标准有关税收政策问题的通知》（财税〔2008〕121号）规定：企业实际支付给关联方的利息支出，除能够提供相关资料并证明交易符合独立交易原则，或者企业的实际税负不高于境内关联方的，其接受关联方债权性投资与其权益性投资比例为：金融企业为5∶1，其他企业为2∶1。

（二）纳税筹划要点

由税法规定可知，利息支出并非无条件地全部扣除，因此企业进行纳税筹划是十分必要的。

1. 企业应注意利息支出的合法性

第一，借贷行为应取得合法的凭证。例如，签订的借款合同、支付利息的结算单或者证明书、支付给个人利息的收据等。

第二，借款应记载债权人的真实姓名和地址等信息，否则，税务机关有可能将借款利息认定为虚增费用。

2. 企业应尽量向金融机构贷款

根据规定，企业向非金融机构贷款，如果利率过高，超额的部分无法得到税前抵扣。

3. 企业之间相互拆借资金可规定互惠利率

企业之间相互拆借资金时，若利率约定过高，一方面债权企业利息收入的企业所得税费用会增加，另一方面债务企业支付的超额利息可能无法税前抵扣。因此，如果双方经常性地互相拆借资金，可以在合同中约定互惠的利率。

企业拆借资金多，转换形式可节税

[案例资料]

北京华建公司为一家建筑材料制造企业，北京宏达公司为其主要的原料供应商。2019年2月，北京华建公司急需1 000万元资金，但无法从银行取得借款。华建公司与宏达公司协商，从宏达公司借款1 000万元，使用期限为1年，利率为8%，而1年期的银行贷款利率为5%。华建公司2019年息税前利润总额为2 000万元，无其他纳税调整事项。

[筹划思路]

企业与企业之间的借款交易，可以转变为利用商业信用进行筹资，即通过延迟付款的方式，将利息支出巧妙地转化为企业的采购成本。

[筹划技巧]

华建公司原本正准备按照惯例，用现付的方式从宏达公司采购原材料1 000万元。与宏达公司协商后，将现金采购转为赊购，同时适当提高采购原材料的价格，由原来的1 000万元提高至1 080万元，双方约定1年后支付货款。

[**税款计算**]

（1）筹划前

在计算应纳税所得额时，允许扣除的利息费用 =1 000×5%=50（万元）

不允许扣除的利息费用 =1 000×8%−50=30（万元）

应纳税所得额 =2 000−50=1 950（万元）

应纳企业所得税 =1 950×25%=487.50（万元）

（2）筹划后

华建公司原材料的采购成本增加 80 万元，假设 2019 年全部耗用且生产的产品已全部售出，则额外支出的 80 万元作为主营业务成本，全部可以抵扣应纳税所得额。

应纳税所得额 =2 000−80=1 920（万元）

应纳企业所得税 =1 920×25%=480（万元）

八、业务招待费的纳税筹划

业务招待费主要是指企业因经营活动需要进行业务洽谈、对外联络、公务接待等发生的餐饮住宿费、娱乐消费、礼品费、旅游费、烟酒茶叶费等。业务招待费是企业不可避免的日常开支。会计制度的规定是可以据实列支，计入管理费用；税法规定在一定的比例范围内可以在企业所得税前扣除，超过标准的部分不允许扣除。

《企业所得税法实施条例》第四十三条规定：企业发生的与生产经营有关的业务招待费支出，按照实际发生额的 60% 扣除，但最高不得超过当年销售收入的 5‰。也就是说，税法采用的是"双红线"：一方面，只允许列支实际发生额的 60%；另一方面，最高扣除额限制在当年销售收入的 5‰ 以内。如果业务招待费的 60% 未超过当年销售收入的 5‰，则按照业务招待费的 60% 进行扣除；如果业务招待费的 60% 超过了当年销售收入的 5‰，则按照当年销售收入的 5‰ 进行扣除。即业务招待费扣除实行"孰低原则"。

业务招待费用高，合理筹划可节税

[案例资料]

上海伊美服装公司是 2006 年 2 月底成立的一家民营企业，主要从事都市女性商务时装的生产和销售业务。经过十多年的发展，2018 年度，公司实现销售收入 1.5 亿元。2019 年计划完成 2 亿元的销售任务。由于行业竞争激烈，服装企业的利润空间比较小，所有企业都要精打细算，在压缩成本、费用上狠下功夫。假设你是该公司的财务经理，老板让你编制成本费用预算，在业务招待费的问题上，你将如何策划才能在保证企业业务招待费够用的基础上，尽可能地减轻企业的税收负担呢？

[筹划思路]

企业应当将业务招待费的 60% 控制在当年销售收入的 5‰ 临界点，这样既可以充分利用业务招待费的扣除限额，又可以减少纳税调整事项。

[筹划技巧]

假设企业当期业务招待费为 N，销售收入为 M。按照税法的规定，当期允许税前扣除的业务招待费金额为 $60\%N$，同时要满足 $60\%N \leqslant 5‰M$ 的条件。在 $60\%N=5‰M$ 的节点上，$N=8.3‰M$。也就是说，企业如果按照销售收入的 8.3‰安排业务招待费的预算，则可以最大限度地利用税法的扣除限额。如果企业的业务招待费超过了销售收入的 8.3‰，则会面临大幅调增应纳税所得额的情况；反之，如果业务招待费预算低于销售收入的 8.3‰，可按照发生额的 60% 进行税前扣除，但可能会发生预算不充足的情况，影响后期业务的顺利开展。

就本例来说，允许税前扣除的业务招待费最高不得超过 100（20 000×5‰）万元。假设企业实际发生的业务招待费为 x，则：

60%x ≤ 100

x ≤ 100÷0.6=166.67（万元）

即 2019 年公司安排 166.67 万元的业务招待费，是比较合理的预算支出金额。

九、合理选择企业捐赠方式

公益性捐赠是企业积极承担社会责任的一种方式，税法对此予以鼓励。但基于对税收收入的影响等种种原因，企业捐赠支出目前并未实行全额扣除。

（一）公益性捐赠税前扣除规定

我国现行《企业所得税法》规定，企业发生的公益性捐赠支出，在年度利润总额 12% 以内的部分，准予在计算应纳税所得额时扣除。公益性捐赠是指企业通过公益性社会团体或者县级（含）以上人民政府及其部门，用于《中华人民共和国公益事业捐赠法》规定的公益事业的捐赠。纳税人直接向受赠人的捐赠不允许扣除。

（二）公益性捐赠的具体范围

公益性捐赠的具体范围如下：

（1）救助灾害、救济贫困、扶助残疾人等困难的社会群体和个人的活动；

（2）教育、科学、文化、卫生、体育事业；

（3）环境保护、社会公共设施建设；

（4）促进社会发展和进步的其他社会公共和福利事业。

（三）公益性社会团体须符合的条件

公益性社会团体，必须同时符合以下条件：

（1）依法登记，具有法人资格；

（2）以发展公益事业为宗旨，且不以营利为目的；

（3）全部资产及其增值为该法人所有；

（4）收益和营运结余主要用于符合该法人设立目的的事业；

（5）终止后的剩余财产不归属任何个人或者营利组织；

（6）不经营与其设立目的无关的业务；

（7）有健全的财务会计制度；

（8）捐赠者不以任何形式参与社会团体财产的分配；

（9）国务院财政、税务主管部门会同国务院民政部门等登记管理部门规定的其他条件。

企业捐赠献爱心，如何抉择更有利

[案例资料]

山东东盛股份有限公司主要生产小型农业机械、农膜等生产资料，在华北平原享有较高的知名度和市场占有率。2019年夏季，由于连续降雨，山东部分地区出现洪涝灾害，很多农户的蔬菜种植基地受损，灾情较为严重。作为一家富有社会责任感的公司，东盛公司打算向受灾较为严重的地市捐赠200万元，帮助当地的农户渡过难关。企业考虑的捐赠方式有现金捐赠和实物捐赠两种形式。2019年，企业预计全年实现会计利润2 000万元（已经扣除上述捐赠额），无其他纳税调整项目。具体捐赠方案有以下几种。

方案一：企业直接向受灾严重的农户捐赠现金200万元。

方案二：企业通过当地民政局向农户捐赠现金200万元。

方案三：企业通过当地民政局向农户捐赠一批自己生产的农膜，生产成本为200万元，公司同型号农膜的市场价格为300万元，取得民政局出具的公益性捐赠票据（金额为327万元）。

如果你是一名咨询公司的纳税筹划师，请给出你的纳税筹划建议。

[筹划思路]

根据《企业所得税法》的规定，企业直接向农户的捐赠不允许在企业所得税前扣除，因此方案一显然不是最佳方案。方案三是企业将自己生产的产品用于捐赠，应当视同销售，缴纳增值税。同时，视同销售还会增加企业应纳税所得额，导致所得税负担加重。因此，最佳方案为方案二。

[**税款计算**]

方案一

（1）可以税前扣除的捐赠额 =0

（2）应纳税所得额 =2 000+200=2 200（万元）

（3）应纳企业所得税 =2 200×25%=550（万元）

方案二

（1）可以税前扣除的捐赠额 =2 000×12%=240（万元），由于捐赠额未超过税法规定的标准，因此可以全额扣除，不需要调增应纳税所得额。

（2）应纳税所得额 =2 000（万元）

（3）应纳企业所得税 =2 000×25%=500（万元）

方案三

按照我国增值税的相关法规，捐赠企业生产的产品视同销售，因此企业捐赠产生的营业外支出为 227 万元，会计分录如下：

借：营业外支出   2 270 000

  贷：库存商品——农膜   （产品成本）2 000 000

    应交税费——应交增值税（销项税额）   270 000

按《企业所得税法实施条例》的规定，企业发生非货币性资产交换，以及将货物、财产、劳务用于捐赠、偿债、赞助、集资、广告、样品、职工福利和利润分配等用途的，应当视同销售货物、转让财产和提供劳务。《国家税务总局关于企业处置资产所得税处理问题的通知》（国税函〔2008〕828 号）规定：企业自制的资产应按企业同类资产同期对外销售价格确定销售收入，即为公允价值。所以，企业在申报企业所得税时，必须按 300 万元确认视同销售收入。

（1）按照视同销售的处理，本期应调增应纳税所得额 =300–200=100（万元）。

（2）可以税前扣除的捐赠额 =2 000×12%=240（万元），小于实物捐赠支出 327 万元，故税前可以扣除捐赠额 240 万元。

（3）应纳税所得额 =2 000（会计利润）+100（视同销售调增应纳税所得额）+227（计入"营业外支出"的捐赠额）–240（允许税前扣除的捐赠额）=2 087（万元）

（4）应纳企业所得税 =2 087×25%=521.75（万元）

根据以上计算结果可知，方案二在纳税上对企业最为有利。

十、人工成本的纳税筹划

（一）人工成本税前扣除的规定

1. 企业发生的工资、薪金支出

企业发生的合理的工资、薪金支出，准予据实扣除。

工资、薪金支出是企业支付给在本企业任职或与其有雇佣关系的员工的劳动报酬，包括基本工资、奖金、津贴、补贴、年终加薪、加班工资等。合理的工资、薪金是指企业按照股东大会、董事会或相关机构制定的工资薪金制度规定，实际发放给员工的工资薪金。

国有性质企业的工资薪金，不得超过政府有关部门给予的限定数额；超过部分，不得在计算企业应纳税所得额时扣除。

企业安置残疾人员的，在残疾职工工资据实扣除的基础上，按照支付残疾职工工资的 100% 加计扣除。这里的"残疾人"是指持有《中华人民共和国残疾人证》上注明属于视力残疾、听力残疾、言语残疾、肢体残疾、智力残疾和精神残疾的人员和持有《中华人民共和国残疾军人证》的人员。

2. 职工福利费、工会经费和职工教育经费支出

企业发生的职工福利费、工会经费和职工教育经费，分别按照一定的标准，在计算应纳税所得额时扣除。

（1）企业发生的职工福利费，不超过工资薪金总额 14% 的部分，允许在税前扣除。

企业职工福利费包括以下内容。

①尚未实行分离办社会职能的企业，其内设福利部门所发生的设备、设施和人员费用，包括职工食堂、浴室、理发室、医务所、托儿所、疗养院等集体福利部门的设备、设施及维修保养费用，以及福利部门工作人员的工资薪金、社会保险费、住房公积金、劳务费等。

②为职工卫生保健、生活、住房、交通等所发放的各项补贴和非货币性福利，包括企业向职工发放的因公外地就医费用、未实行医疗统筹企业职工医疗费用、职工供养直系亲属医疗补贴、供暖费补贴、职工防暑降温费、职工困难补贴、救济费、职工食堂经费补贴、职工交通补贴等。

③其他职工福利费，包括丧葬补助费、抚恤费、安家费和探亲假路费等。

（2）企业拨缴的工会经费，不超过工资薪金总额 2% 的部分，准予扣除。

（3）企业发生的职工教育经费，不超过工资薪金总额 8% 的部分，准

予扣除;超过部分,准予结转以后纳税年度扣除。

高新技术企业、经认定的技术先进型服务企业发生的职工教育经费,不超过工资总额8%的部分,准予在税前扣除;超过部分,准予结转以后纳税年度扣除。

3. 社会保险费

(1)企业按照政府规定的范围和标准为职工缴纳的"五险一金",即基本养老保险费、基本医疗保险费、失业保险费、工伤保险费、生育保险费和住房公积金,准予在税前扣除。

(2)企业为职工支付的补充养老保险费、补充医疗保险费,在国务院财政、税务部门规定的范围和标准内,准予扣除。企业为特殊工种职工支付的人身安全保险费和符合规定可以扣除的商业保险费,准予扣除。

(3)除符合规定的以外,企业为职工支付的商业保险费,不得在税前扣除。

4. 劳动保护费

企业发生的合理的劳动保护支出,准予扣除。劳动保护费是指因特殊工作环境需要为员工配备或提供工作服、手套、安全保护用品、防暑降温用品等所发生的支出。

根据国税总局2011年第34号公告,自2011年7月1日起,企业根据工作性质和特点,由企业统一制作并要求员工工作时统一着装所发生的工作服饰费用,可以作为企业合理的支出,在税前扣除。

（二）人工成本的纳税筹划方法

人工费用涉及员工个人利益，在进行纳税筹划时，应避免对员工利益造成侵害，同时也要最大限度地保护企业利益。筹划思路为：

（1）原则上按照税法规定进行会计核算，避免因为会计和税法差异太大而进行纳税调整；

（2）合理区分不同费用项目，尽量充分利用各类项目的税前扣除标准；

（3）将有扣除标准的费用项目，通过某种形式转化为无扣除标准的费用。

职工防暑降温费，如何发放更妥当

[案例资料]

山东青岛某啤酒厂2019年7月抓住啤酒消费的旺季，组织员工加班生产。夏季高温高湿，为了员工身心健康，企业决定给奋战在生产一线的员工每人发放500元的防暑降温费。但企业当年的职工福利费支出已经超过了规定的税前扣除标准。如果随工资一起发放防暑降温费，可能要进行纳税调整。针对此事，应如何进行纳税筹划？

[筹划思路]

如果企业随同工资一起发放防暑降温费，由于防暑降温费在性质上属于企业的职工福利费，因此在税前扣除时，会受到工资薪金总额的14%这一扣除标准的制约，如果超标发放，企业就要进行纳税调整。企业可以购买价值500元的防暑工作服、清凉饮料、常用药品等防暑降温用品发放给员工，此项支出属于劳动保护费，在税前可以全额扣除。

十一、广告宣传费的纳税筹划

《企业所得税法实施条例》规定，企业的广告费和业务宣传费支出不超过当年销售（营业）收入 15% 的部分，可以据实扣除；超过的部分，可以结转到以后年度扣除。

自 2016 年 1 月 1 日至 2020 年 12 月 31 日，化妆品制造或销售、医药制造、饮料制造企业发生的广告费和业务宣传费支出，不超过当年销售（营业）收入 30% 的部分，准予扣除；超过部分，准予在以后纳税年度结转扣除。

企业筹建期间发生的广告费和业务宣传费，可按实际发生额计入企业筹办费，按上述规定在税前扣除。

烟草企业的烟草广告费和业务宣传费，一律不得在计算应纳税所得额时扣除。

企业申报扣除的广告费支出，必须符合以下条件：

（1）广告是通过工商部门批准的专门机构制作的；

（2）已实际支付费用，并取得相应的发票；

（3）通过一定的媒体传播。

广告费用有点高，合理转换更有效

北京华峰房地产开发公司 2019 年计划在西四环黄金地段开发一个高档

楼盘，项目已经取得预售许可证。为了宣传和促销，公司营销部打算10月在电视台和报刊上投放广告，广告费预算5 000万元。由于受到房地产限购政策和银行信贷政策的影响，公司2019年业绩欠佳，预计公司全年销售收入为3亿元。在高层决策会议上，财务总监对广告预算提出了不同的意见，认为在当前不利的外部环境下，应尽可能开源节流，对公司的广告营销费用进行精打细算。由于当年能够在税前抵扣的广告宣传费用预计为4 500万元（3亿元×15%），因此建议公司营销部将电视和报刊上的广告直接投入缩减为4 500万元，减少公司当年应纳税所得额的调整，同时，改变宣传策略，通过雇用人员在各大商业区和高档住宅区发放宣传资料、在互联网上发布售房信息等方式，将广告宣传费用转化为管理费用，这样既可以拓宽营销渠道，又可以达到理想的宣传效果。

十二、选择恰当的销售成本计算方法

（一）企业销售成本的计算方法

生产制造企业的产品制造完工入库后，在销售过程中，不可避免地会计算和结转已销售产品的成本，即销售成本。对于大量大批生产制造的企业来说，完工产品入库和库存产品销售在动态地滚动进行，逐个认定企业销售某批产品的生产成本没有必要（因为库存产品或早或晚都会卖出去），在实务中存在困难或工作量太大（仓库发货时不区分入库批次或入库时间等），于是，会计上采用了变通的手法，在结转已销产品的成本时可以与产品的实际流转情况不一致。目前，会计上规定可以采用先进先出法、个别计价法和加权平均法对已销产品的成本进行确定。

1. 先进先出法

先进先出法是假设先入库的产品先发出，据此确定发出产品和期末库存产品的成本。在先进先出法下，期末库存产品的成本比较接近最近的材料采购和生产制造成本。

2. 个别计价法

个别计价法又称个别认定法，采用这种方法时产品的成本流转和实物收发流转完全一致，仓库和会计部门逐一确定各批发出产品和期末产品所属的入库批次，然后确定发出产品和库存产品的成本。

3. 加权平均法

加权平均法又分为全月一次加权平均法和移动加权平均法。全月一次加权平均法是指以全月入库数量和月初库存数量为权数，去除本月全部入库产品成本和月初库存产品成本，计算出本月入库产品的单位成本的一种方法。在移动加权平均法下，企业每入库一批产品，就以原有库存数量和本批入库产品数量为权数，计算一个加权平均单位成本，据以对其后发出的产品进行计价。

（二）企业销售成本的纳税筹划

税法对销售成本计算方法的规定与会计准则相同。《企业所得税法》规定，企业销售产品的成本计算方法，可以在先进先出法、个别计价法和加权平均法之间选择任意一种。计价方法一经选用，不得随意变更。

采用不同的销售成本计算方法，计算得出的本期销售成本不同，应纳税所得额也不同。这就为企业进行纳税筹划提供了可能的空间。在物价不断上涨的情况下，企业采购原材料的成本、工人工资等不断上涨，则企业先完工入库的产品的制造成本相对较低、后完工入库的产品的制造成本相对较高，此时，如果采用先进先出法计算销售成本，则销售成本偏低，当期应纳税所得额偏高。因此，企业应选择加权平均法或个别计价法。反之，在物价下跌的情况下，企业应选择先进先出法，此时，当期销售成本较高，应纳税所得额较低，企业所得税自然而然较低。

生产制造企业如何选择销售成本计算方法

[案例资料]

上海美邦服饰有限公司生产销售都市时尚女装，2019 年 9 月，公司设计并推出了"都市新霓裳"系列服饰，其中一款女士衬衫市场反响很好，统一定价为 360 元 / 件（不含增值税）。已知 2019 年 9 月公司生产的该款女士衬衫入库、发货和库存情况如下：

（1）2019 年 9 月 1 日，结存该款女士衬衫 100 件，单位生产成本为 100 元 / 件；

（2）2019 年 9 月 5 日，完工入库该款女士衬衫 200 件，单位生产成本为 105 元 / 件；

（3）2019 年 9 月 7 日，某商场专柜向公司订货 50 件，当天发货；

（4）2019 年 9 月 10 日，某经销商向公司订货 50 件，当天发货；

（5）2019 年 9 月 15 日，完工入库该款女士衬衫 200 件，单位生产成本为 110 元 / 件；

（6）2019年9月23日，出口东南亚国家该款女士衬衫200件；

（7）2019年9月30日，该款女士衬衫结存200件。

请问：该公司应该采用先进先出法还是全月一次加权平均法计算发出产品的成本，哪种成本计算方法对纳税较为有利？

［税款计算］

（1）采用先进先出法

销售成本＝（50+50）×100+200×105=31 000（元）

销售收入＝（50+50+200）×360=108 000（元）

应纳税所得额=108 000–31 000=77 000（元）

应纳企业所得税=77 000×25%=19 250（元）

（2）采用全月一次加权平均法

全月一次加权平均成本＝（100×100+ 200×105+ 200×110）÷（100+200+ 200）·=106（元）

销售成本=300×106=31 800（元）

销售收入＝（50+50+200）×360=108 000（元）

应纳税所得额=108 000–31 800=76 200（元）

应纳企业所得税=76 200×25%=19 050（元）

由以上计算结果可知，该企业选择全月一次加权平均法计算成本对纳税比较有利。

十三、如何利用折旧政策进行纳税筹划

（一）固定资产折旧税前扣除的规定

1. 固定资产的计税基础

外购的固定资产，以购买价款和支付的相关税费，以及直接归属于使该资产达到预定用途发生的其他支出为计税基础。

自行建造的固定资产，以竣工结算前发生的支出为计税基础。

2. 折旧的计提范围

在计算应纳税所得额时，企业按规定计算的固定资产折旧准予扣除。但下列固定资产，不得计算扣除折旧：

（1）房屋、建筑物以外未投入使用的固定资产；

（2）以经营租赁方式租入的固定资产；

（3）以融资租赁方式租出的固定资产；

（4）已足额提取折旧、仍继续使用的固定资产；

（5）与经营活动无关的固定资产；

（6）单独估价作为固定资产入账的土地。

3. 折旧的计提方法

税法规定，固定资产按照直线法计算的折旧，准予扣除。

以下特殊行业或情况的固定资产，可以采用双倍余额递减法或年数总和法来加速计提折旧。

（1）由于技术进步，产品更新换代较快的固定资产。

（2）常年处于震动、高腐蚀状态的固定资产。

（3）生物药品制造业，专用设备制造业，铁路、船舶、航空航天和其他运输设备制造业，计算机、通信和其他电子设备制造业，仪器仪表制造业，信息传输、软件和信息技术服务业这 6 个行业的企业，2014 年 1 月 1 日以后新购进的固定资产，可采用加速折旧的方法。

（4）企业 2014 年 1 月 1 日以后新购进的专门用于研发的仪器、设备，单位价值不超过 100 万元的，允许一次性计入当期成本费用，在计算应纳税所得额时扣除，不再分年度计提折旧；单位价值超过 100 万元的，可以加速计提折旧。

（5）企业持有的单位价值不超过 5 000 元的固定资产，允许一次性计入当期成本费用，在计算应纳税所得额时扣除。

（6）轻工、纺织、机械、汽车四个领域重点行业的企业自 2015 年 1 月 1 日以后新购进或自行建造的固定资产，允许加速计提折旧。

4. 折旧的最低年限

税法规定固定资产计提折旧的最低年限如下：

（1）房屋、建筑物为 20 年；

（2）飞机、火车、轮船、机器、机械和其他生产设备为 10 年；

（3）与生产经营活动有关的器具、工具、家具等为 5 年；

（4）电子设备为 3 年。

企业的会计折旧年限如果长于税法规定的最低折旧年限，其折旧按照会计折旧年限计算扣除；反之，应按照税法规定的最低折旧年限计算并扣除折旧额。由此可见，税法规定折旧最低年限的目的是为了给企业制定一个扣除折旧的标准，避免企业过多或过早地扣除折旧。

（二）固定资产折旧的纳税筹划

税法对固定资产的计税基础、折旧方法、折旧年限和折旧范围进行了规定，企业在进行纳税筹划时可以采取以下思路。

（1）固定资产的净残值是预先估计的，有一定的主观性，企业可以尽量降低固定资产的预计净残值。

（2）购置后未投入使用的固定资产应尽快投入使用，争取折旧额的扣除；与生产经营无关的固定资产、闲置不用的固定资产，应尽快处理掉，以实现财产处置损失的税前扣除。

（3）折旧政策应与企业经营所处阶段和盈利状况相结合。如果企业处于经营初期，亏损的可能性较大，应尽量少提折旧，将折旧额放到以后年度扣除，减少以后年度应纳税所得额；如果企业处于稳定的盈利期，应尽量选择加速折旧法或缩短折旧年限，加大当期固定资产的折旧额，增加税前可扣除金额，减轻税负。

（4）如果企业正处于所得税的免税期，则折旧额无论高低，对企业当期纳税均无影响。此时，企业应尽量延长固定资产的折旧年限，降低税收免税期计提的折旧额，把折旧费用留待以后正常纳税年度扣除。

固定资产存量大，如何管理更节税

[案例资料]

南京金华农机设备有限公司主要生产各类农用三轮车、手扶拖拉机等。经过十几年的发展，公司已经成为国内同类产品市场上的龙头企业，并进行了股份制改造。公司原有的生产线为2011年初花费5 000万元购入，随着使用年限的增加，残次品率越来越高且能耗较大。2019 年初，公司花费 1 亿元引进了德国先进的智能设备生产线，淘汰了原有落后的生产线。原有生产线按照直线法计提折旧，预计使用年限为 10 年，预计净残值为 0。该生产线已经使用 8 年，剩余折旧年限为 2 年，账面净值为 1 000 万元。如果处理的话，市场价格为 50 万元。考虑到立即报废产生的损失会对当年会计利润产生较大的影响，因此公司暂时未对该条生产线进行处置。

[**筹划思路**]

如果企业不对该条生产线进行处置，则 2019 年计提的 500 万元折旧额不允许在计算所得税时扣除，因为属于"房屋、建筑物以外未投入使用的固定资产"，需要调增应纳税所得额 500 万元。如果 2019 年进行处置，会产生 950 万元的资产处置损失，按照税法的规定，可以在 2019 年所得税汇算清缴时税前扣除，减少企业当年的所得税税额 237.5（950×25%）万元。建议企业权衡利弊，争取在 2019 年对生产线进行处理，降低企业税负。

十四、长期待摊费用的纳税筹划

（一）长期待摊费用的税前扣除规定

长期待摊费用是指企业发生的应在 1 年以上或几个年度进行摊销的费用。在计算应纳税所得额时，企业发生的下列支出应作为长期待摊费用，按照规定摊销的，准予扣除：

（1）已足额提取折旧的固定资产的改建支出；

（2）租入固定资产的改建支出；

（3）固定资产的大修理支出；

（4）其他应当作为长期待摊费用的支出。

已足额提取折旧的固定资产的改建支出，按照固定资产预计尚可使用年限分期摊销；租入固定资产的改建支出，按照合同约定的剩余租赁期限分期摊销；固定资产大修理支出，按照固定资产尚可使用年限分期摊销；其他应当作为长期待摊费用的支出，自支出发生月份的次月起，分期摊销，摊销年限不得低于3年。

固定资产大修理支出是指同时符合以下条件的支出：

（1）修理支出达到取得固定资产时的计税基础50%以上；

（2）修理后的固定资产的使用年限延长2年以上。

不同时符合此两项条件的，作为固定资产日常修理支出，直接计入当期费用，从当期应纳税所得额中扣减。

（二）固定资产修理支出的纳税筹划要点

企业应根据自身的情况对固定资产修理费进行筹划，以获得推迟纳税的好处：

（1）企业如果处于盈利期，固定资产能够通过小型维修保持原有功能的，尽量不进行大修，避免将维修费计入长期待摊费用。如果一次性维修费用较高，可以分几次进行，削减每次的维修费支出；在计税基础50%的临界点上，可以采取措施节约开支。

（2）如果企业处于减免税期间，在日常维修和大修理的选择上，尽量使维修的开支达到税法上规定的两个条件，计入长期待摊费用，这样可以在以后年度进行摊销，抵减以后年度的应纳税所得额。

如何做好固定资产大修理费的纳税筹划

[案例资料]

广东某生产企业 2019 年 11 月对一台生产设备进行大修理，12 月完工。设备的原值为 500 万元，发生修理费用 300 万元。修理前该固定资产还可以使用 3 年，维修后经济使用寿命延长了 3 年，仍用于原用途。若不考虑修理费用，当年实现税前会计利润 240 万元，无其他纳税调整项目。

[筹划思路]

当年发生的固定资产修理支出为 300 万元，达到固定资产原值 50% 以上，维修后经济使用寿命延长了 3 年，按税法规定应视为固定资产大修理支出，作为长期待摊费用，按照固定资产尚可使用年限分期摊销。如果分两次对生产设备进行维修，削减每次的修理费支出，则可以避免计入长期待摊费用，实现一次性税前扣除，获取递延纳税的好处。

[筹划技巧]

该设备的修理可以分为两期进行：第一期维修工程从 2019 年 11 月开始，12 月完工，维修费用 240 万元；第二期维修工程从 2020 年 3 月开始，6 月完工，维修费用 60 万元。其他条件不变。

[税款计算]

（1）筹划前

维修支出 300 万元作为长期待摊费用处理，在设备尚可使用年限内进行摊销：

2019 年可以摊销的长期待摊费用 =300÷（3+3）=50（万元）

2019 年应纳税所得额 =240–50=190（万元）

2019 年应纳企业所得税 =190×25%=47.5（万元）

（2）筹划后

2019 年发生的固定资产修理支出为 240 万元，不符合资本化条件，可以当期直接扣除。

2019 年应纳税所得额 =240–240=0

2019 年应纳企业所得税 =0

十五、最大化地利用亏损弥补政策

（一）税法对亏损弥补的规定

亏损弥补政策是我国为了扶持企业渡过经营难关的一项重要税收优惠政策。我国《企业所得税法》及其暂行条例规定，亏损是指每一纳税年度的收入总额减除不征税收入、免税收入和各项扣除后小于零的数额。企业某一纳税年度发生的亏损，可以用下一年度的所得弥补，下一年度的所得不足以弥补的，可以逐年延续弥补，但最长不得超过 5 年。5 年内无论是盈利或是亏损，都作为实际弥补年限计算。

企业进行补亏时应注意以下几点。

（1）企业在汇总计算缴纳企业所得税时，其境外营业机构的亏损不得抵减境内营业机构的盈利。

（2）企业筹办期间不计算为亏损年度，以企业开始生产经营的年度作为开始计算企业损益的年度。

（3）被投资企业发生的经营亏损，由被投资企业按照规定结转弥补；投资企业不得调整减低其投资成本，也不得将其确认为投资损失。

（二）亏损弥补的纳税筹划

企业应充分利用所得税亏损弥补的政策利好，实现自身利益的最大化。纳税筹划思路如下所述。

（1）加强亏损发生以后年度的投资管理。企业发生亏损后，应尽量避免进行高风险的投资和经营业务，防止亏损面加大，确保以前年度发生的亏损在之后的5年内得到充分、全额的弥补。

（2）利用汇总纳税政策消化亏损。企业的分公司等分支机构发生亏损的，可以直接并入总公司，抵减总公司当期的应纳税所得额。如果企业处于业务扩张时期，将在不同地区组建管理机构，若预计经营初期将发生亏损，则可以采取设立分公司的形式，当期将亏损消化掉。

（3）兼并收购亏损企业。如果企业拟进行兼并收购，则可以将目标瞄准有前景但暂时亏损的企业进行吸收合并，此时被兼并企业丧失独立的法人资格，其发生的亏损可以由兼并企业用以后年度实现的盈利进行弥补。

第五章

个人所得税的筹划方法与技巧

个人所得税是以个人（自然人）取得的各项应税所得为对象征收的一种税。2018年是我国个人所得税改革年。个税改革惠及面广，使很多家庭得到了实惠。减税"红包"一定程度上有助于提升消费预期，改善生活品质。根据国家税务总局的数据，2019年前三个季度全国累计新增减税降费17 834亿元，其中新增减税15 109亿元，新增社保费降费2 725亿元。个人所得税新增减税4 426亿元，累计人均减税1 764元。

随着我国经济的发展以及税收法规的不断完善，税收监管日益严密，民众纳税意识逐步增强，传统的纳税筹划方法大部分已失去效用。可以说，个税的筹划变得越来越困难。

一、个人所得税的计税方法

2018年8月31日，第十三届全国人民代表大会常务委员会第五次会议通过了第七次修订后的《中华人民共和国个人所得税法》（以下简称《个人所得税法》），新税法于2019年1月1日起施行。根据新税法规定，取得"综合所得"或"经营所得"的纳税人，在5 000元的基本减除费用和"五险一金"专项扣除外，还可以依条件享受子女教育、继续教育、大病医疗、住房贷款利息或者住房租金、赡养老人这六项专项附加扣除。

（一）居民纳税人和非居民纳税人

在中国境内有住所，或者无住所而一个纳税年度内在中国境内居住累计满 183 天的个人，为居民个人。居民个人从中国境内和境外取得的所得，依照本法规定缴纳个人所得税。

在中国境内无住所又不居住，或者无住所而一个纳税年度内在中国境内居住累计不满 183 天的个人，为非居民个人。非居民个人从中国境内取得的所得，依照本法规定缴纳个人所得税。

纳税年度，自公历 1 月 1 日起至 12 月 31 日止。

（二）综合所得和分项所得

个人所得包括（1）工资、薪金所得，（2）劳务报酬所得，（3）稿酬所得，（4）特许权使用费所得，（5）经营所得，（6）利息、股息、红利所得，（7）财产租赁所得，（8）财产转让所得，（9）偶然所得。

居民个人取得上述第（1）项至第（4）项所得叫作综合所得，按纳税年度合并计算个人所得税；非居民个人取得前款第（1）项至第（4）项所得，按月或者按次分项计算个人所得税。纳税人取得前款第（5）项至第（9）项所得，依照本法规定分别计算个人所得税。

（三）税率

1. 综合所得

综合所得适用 3%~45% 的七级超额累进税率，如表 5-1 所示。

表 5-1 综合所得个人所得税税率

级数	全年应纳税所得额	税率（%）	速算扣除数
1	不超过 36 000 元的部分	3	0
2	超过 36 000 元至 144 000 元的部分	10	2 520
3	超过 144 000 元至 300 000 元的部分	20	16 920
4	超过 300 000 元至 420 000 元的部分	25	31 920
5	超过 420 000 元至 660 000 元的部分	30	52 920
6	超过 660 000 元至 960 000 元的部分	35	85 920
7	超过 960 000 的部分	45	181 920

注：

（1）本表所称全年应纳税所得额是指依照《个人所得税法》第六条的规定，居民个人取得综合所得以每一纳税年度收入额减除费用 60 000 元以及专项扣除、专项附加扣除和依法确定的其他扣除后的余额；

（2）非居民个人取得工资、薪金所得，劳务报酬所得，稿酬所得和特许权使用费所得，依照本表按月换算后计算应纳税额。

2. 经营所得

经营所得适用 5%~35% 的五级超额累进税率，如表 5-2 所示。

表 5-2 经营所得个人所得税税率

级数	全年应纳税所得额	税率（%）	速算扣除数
1	不超过 30 000 元的	5	0
2	超过 30 000 元至 90 000 元的部分	10	1 500
3	超过 90 000 元至 300 000 元的部分	20	10 500
4	超过 300 000 元至 500 000 元的部分	30	40 500
5	超过 500 000 元的部分	35	65 500

注：本表所称全年应纳税所得额是指依照《个人所得税法》第六条的规定，以每一纳税年度的收入总额减除成本、费用以及损失后的余额。

3.利息、股息、红利所得，财产租赁所得，财产转让所得和偶然所得

利息、股息、红利所得，财产租赁所得，财产转让所得和偶然所得适用比例税率，税率为20%。

（四）计税方法

1.居民个人的综合所得

居民个人的综合所得以每一纳税年度的收入额减除费用60 000元以及专项扣除、专项附加扣除和依法确定的其他扣除后的余额，为应纳税所得额。

专项扣除包括居民个人按照国家规定的范围和标准缴纳的基本养老保险、基本医疗保险、失业保险等社会保险费和住房公积金等。

专项附加扣除包括子女教育、继续教育、大病医疗、住房贷款利息或者住房租金、赡养老人等支出。

计算公式为：

应纳税所得额 = 工资薪金所得 –60 000 元 – 专项扣除 –

专项附加扣除 – 其他扣除

应纳个人所得税额 = 应纳税所得额 × 税率 – 速算扣除数

2.非居民个人的工资、薪金所得

非居民个人的工资、薪金所得以每月收入额减除费用5 000元后的余额为应纳税所得额；劳务报酬所得、稿酬所得、特许权使用费所得，以每次收入额为应纳税所得额。

3. 经营所得

经营所得以每一纳税年度的收入总额减除成本、费用以及损失后的余额，为应纳税所得额。

4. 财产租赁所得

财产租赁所得每次收入不超过 4 000 元的，减除费用 800 元；4 000 元以上的，减除 20% 的费用，其余额为应纳税所得额。

5. 财产转让所得

财产转让所得以转让财产的收入额减除财产原值和合理费用后的余额，为应纳税所得额。

6. 利息、股息、红利所得和偶然所得

利息、股息、红利所得和偶然所得以每次收入额为应纳税所得额。

7. 劳务报酬所得、稿酬所得、特许权使用费所得

劳务报酬所得、稿酬所得、特许权使用费所得以收入减除 20% 的费用后的余额为收入额。稿酬所得的收入额减按 70% 计算。

（五）预缴与汇算清缴

居民个人取得综合所得，按年计算个人所得税；有扣缴义务人的，由扣缴义务人按月或者按次预扣预缴税款；需要办理汇算清缴的，应当在取得所得的次年 3 月 1 日至 6 月 30 日内办理汇算清缴。

非居民个人取得工资、薪金所得，劳务报酬所得，稿酬所得和特许权使用费所得，有扣缴义务人的，由扣缴义务人按月或者按次代扣代缴税款，

不办理汇算清缴。

二、合理利用专项附加扣除额

专项附加扣除是我国此次个税改革的一大亮点。它扩大了扣除的范围，减轻了纳税人的负担，标志着我国个人所得税的税制模式从分类征收制向混合征收制转变。

工薪阶层负担降，个税"红包"受益广

[案例资料]

李先生今年 48 岁，是北京一家国企的工程师，年工资收入 30 万元人民币。李先生拥有一个五口之家，妻子 45 岁，是一家公司的部门经理，年收入 20 万元，在职研究生在读，一年学费 1 万元。两人有一个女儿需要抚养，目前 15 岁，在一所学校的国际部就读，一年学费 5 万元。夫妇两人有四位 60 岁以上的老人需要赡养，夫妇两人均不是独生子女，李先生有一个亲姐姐，其妻子有一个亲弟弟，平均分配赡养义务。夫妻两人还有首套房子的贷款尚未还完，每月房贷 3 000 元。

[税法链接]

（1）北京市"五险一金"个人缴费比例

养老保险：单位缴纳 20%，个人缴纳 8%。

医疗保险：单位缴纳 10%，个人缴纳 2%。

失业保险：单位缴纳 1%，个人缴纳 0.2%（农业户口不缴纳）。

生育保险：单位缴纳 0.8%，个人不缴费。

工伤保险：单位缴纳 0.8%，个人不缴费。

公积金：单位缴纳 12%，个人缴纳 12%。

（2）子女教育支出

纳税人的子女接受全日制学历教育的相关支出，按照每个子女每月1 000 元的标准定额扣除。学历教育包括义务教育（小学、初中教育）、高中阶段教育（普通高中、中等职业、技工教育）、高等教育（大学专科、大学本科、硕士研究生、博士研究生教育）。父母可以选择由其中一方按扣除标准的 100% 扣除，也可以选择由双方分别按扣除标准的 50% 扣除，具体扣除方式在一个纳税年度内不能变更。

（3）继续教育支出

纳税人在中国境内接受学历（学位）继续教育的支出，在学历（学位）教育期间按照每月 400 元定额扣除。同一学历（学位）继续教育的扣除期限不能超过 48 个月。纳税人接受技能人员职业资格继续教育、专业技术人员职业资格继续教育的支出，在取得相关证书的当年，按照 3 600 元定额扣除。

（4）住房贷款利息

纳税人本人或者配偶单独或共同使用商业银行或住房公积金个人住房贷款为本人或其配偶购买中国境内住房，发生的首套住房贷款利息支出，在实际发生贷款利息的年度，按照每月 1 000 元的标准定额扣除，扣除期限最长不超过 240 个月。

（5）赡养老人

纳税人为独生子女的，按照每月 2 000 元的标准定额扣除；纳税人为非独生子女的，由其与兄弟姐妹分摊每月 2 000 元的扣除额度，每人分摊的额度不能超过每月 1 000 元。可以由赡养人均摊或者约定分摊，也可以由被赡养人指定分摊。约定或者指定分摊的须签订书面分摊协议，指定分摊优先于约定分摊。具体分摊方式和额度在一个纳税年度内不能变更。被赡养人是指年满 60 岁的父母，以及子女均已去世的年满 60 岁的祖父母、外祖父母。

[筹划思路]

充分利用专项附加扣除降低应纳税所得额。

[税款计算]

方案一

没有取得专项附加扣除项目所需发票、协议等凭据，不申报专项附加扣除项目。

男方应纳税所得额 =300 000–60 000（基础减除费用）–5 550（每个月的"五险一金"）×12 =173 400（元）

男方应纳个人所得税额 =173 400×20%–16 920=17 760（元）

男方年税后收入 =300 000–5 550（每个月的"五险一金"）×12–17 760

=215 640（元）

女方应纳税所得额 =200 000–60 000（基础减除费用）–3 699.99（每个月的"五险一金"）×12 =95 600.12（元）

女方应纳个人所得税额 =95 600.12×10%–2 520=7 040.01（元）

女方年税后收入 =200 000–3 699.99（每个月"五险一金"）×12–7 040.01

=148 560.11（元）

家庭合计年税后收入 =215 640+148 560.11=364 200.11（元）

方案二

取得专项附加扣除项目所需发票、协议等凭据，男方申报子女义务教育支出、住房贷款利息和赡养老人的三个专项附加扣除项目，女方申报继续教育支出和赡养老人的两个专项附加扣除项目。

男方应纳税所得额 =300 000–60 000（基础减除费用）–5 550（每个月"五险一金"）×12–12 000（子女义务教育学费）–12 000（住房贷款利息）–12 000（分摊赡养老人支出）=137 400（元）

男方应纳个人所得税额 =137 400×10%–2 520=11 220（元）

男方年税后收入 =300 000–5 550（每个月的"五险一金"）×12–11 220= 222 180（元）

女方应纳税所得额 =200 000–60 000（基础减除费用）–3 699.99（每个月"五险一金"）×12–4 800（继续教育支出）–12 000（分摊赡养老人支出）=78 800.12（元）

女方应纳个人所得税额 =78 800.12×10%–2 520=5 360.01（元）

女方年税后收入 = 200 000–3 699.99（每个月的"五险一金"）×12–5 360.01=150 240.11（元）

家庭合计年税后收入 =222 180+150 240.11=372 420.11（元）

［筹划结论］

在新个税税法下，经过多项专项附加扣除，王先生一家一年可以增加税后收入 8 220（372 420.11–364 200.11）元。

［筹划点评］

个税税法改革之后，纳税人要增强纳税意识和筹划意识，主动申报可以抵扣的专项扣除项目，并取得相应的发票、合同、协议等备查。

三、利用创投企业税收优惠

大众创业促创新，税收优惠力度大

［案例资料］

北京紫牛创业投资基金（以下简称"VC"）专注医疗科技行业的初创企业孵化和天使投资，该公司有五位管理合伙人，实行有限合伙制。该 VC 募集资金规模为 1 亿元人民币。经过项目的前期考察、比较和甄选，2016 年初投资了五个创业项目，投资额共计 4 000 万元。投资期满两年后，该 VC 2018 年实现利润总额 6 000 万元，五个合伙人对经营成果平均分配，可以按照股权转让和股息、红利所得计算个人所得税，也可以按 5% ~ 35% 的超额累进税率计算个人所得税。

请为该 VC 制定合理的纳税筹划方案。

［税法链接］

（1）2018 年 5 月 14 日，财政部和税务总局发布《关于创业投资企业和天使投资个人有关税收政策的通知》（财税〔2018〕55 号），规定了以下几点。

①公司制创业投资企业采取股权投资方式直接投资于种子期、初创期科技型企业满 2 年的，可以按照投资额的 70% 在股权持有满 2 年的当年抵扣该公司制创业投资企业的应纳税所得额；当年不足抵扣的，可以在以后纳税年度结转抵扣。

②有限合伙制创业投资企业采取股权投资方式直接投资于初创科技型企业满 2 年的，该合伙创投企业的合伙人分别按以下方式处理。

a. 法人合伙人可以按照对初创科技型企业投资额的 70% 抵扣法人合伙人从合伙创投企业分得的所得；当年不足抵扣的，可以在以后纳税年度结转抵扣。

b. 个人合伙人可以按照对初创科技型企业投资额的 70% 抵扣个人合伙人从合伙创投企业分得的经营所得；当年不足抵扣的，可以在以后纳税年度结转抵扣。

（2）2018 年 12 月 12 日，财政部和税务总局发布《关于创业投资企业个人合伙人所得税政策问题的通知》（财税〔2019〕8 号），规定从 2019 年 1 月 1 日起，对依法备案的创投企业，可选择按单一投资基金核算，其个人合伙人从该基金取得的股权转让和股息、红利所得，可按 20% 税率缴纳个人所得税；或选择按创投企业年度所得整体核算其个人合伙人从企业所得，按 5%~35% 的超额累进税率计算个人所得税。政策实施期限暂定 5 年。

［筹划思路］

根据新的税收优惠政策，创投企业合伙人可以充分利用科技类初创公司投资额抵扣额度和适用税率的可选择性，以降低个人所得税税负。

[税款计算]

个人合伙人可以选择按照转让股权和经营所得两种方式缴纳个人所得税。

方案一：按照股权转让所得缴纳个人所得税。

应纳税所得额 =6 000–4 000×70%（持有 2 年以上项目的投资额的 70%）

=3 200（万元）

应纳个人所得税额 =3 200×20%=640（万元）

每人净所得 =（6 000–640）÷5=1 072（万元）

方案二：按照经营所得缴纳个人所得税。

按照"先分后税"的原则，适用第五级 35% 的税率计算每个合伙人的经营所得。

每人应纳税所得额 =（6 000–4 000×70%）÷5=640（万元）

每人应纳个人所得税额 =640×35%–6.55=217.45（万元）

每人净所得 =6 000÷5–217.45=982.55（万元）

[筹划结论]

利用国家对于创投企业和天使投资行业的税收优惠，可以有效增加税前抵扣额。按照股权转让所得计算合伙人的个人所得税时，税负更低，每人节约税负 89.45 万元。

[筹划点评]

在"大众创业、万众创新"的时代背景下，财政税务政策也在配合国家的产业扶持导向。为科技创新企业和投资类企业做纳税筹划时，需要重点关注国家对这些企业出台的最新的税收优惠政策，降低应纳税所得额，进而降低税负。

四、选择恰当的出售股票时机

证券市场机会多，变现时机要选好

[案例资料]

2018 年 3 月 1 日，上海的张先生购买了 10 000 股某公司股票，价值 30 万元。按照以往惯例，该上市公司每年 3 月中旬分红，每股股票分红约 0.2 元。2018 年 3 月 25 日、2019 年 4 月 30 日，他均有机会出售股票。

请根据我国个人所得税相关政策对上市公司股息、红利的相关规定，为张先生提供纳税筹划的方案和建议。

[税法链接]

《财政部　国家税务总局　证监会关于上市公司股息红利差别化个人所得税政策有关问题的通知》（财税〔2015〕101 号）规定：

（1）个人从公开发行和转让市场取得的上市公司股票，持股期限超过 1 年的，股息红利所得暂免征收个人所得税；

（2）个人从公开发行和转让市场取得的上市公司股票，持股期限在 1 个月以内（含 1 个月）的，其股息红利所得全额计入应纳税所得额；

（3）持股期限在 1 个月以上至 1 年（含 1 年）的，暂减按 50% 计入应纳税所得额。

上述所得统一适用 20% 的税率计征个人所得税。

[税款计算]

张先生有如下两个方案可以选择。

方案一：2018 年 3 月 1 日购入，2018 年 3 月 25 日出售。则：2018 年 3 月中旬分红时，持有期限不足 1 个月，股息、红利所得应全额计入应纳税所得额。

股息、红利应纳个人所得税 =10 000×0.2×20%=400（元）

出售股票的价差即资本利得，暂免征收个人所得税。

应纳个人所得税合计 =400（元）

方案二：2018 年 3 月 1 日购入，2019 年 4 月 30 日出售。则：2019 年 3 月中旬分红时，持有期限超过 1 年，股息、红利所得暂免征收个人所得税。

出售股票的价差即资本利得，暂免征收个人所得税。

应纳个人所得税合计 =0

[筹划结论]

张先生可以选择长期持有该股票超过 1 年时间，以此来节约税负，获得股息红利所得的免税资格。

[筹划点评]

仅从个税税负的角度看，可以延长股票持有时间。但是股票收益不仅依靠分红，还有资本利得。因此，应该综合考虑股票的价格和大盘行情再做决策。该税收优惠政策旨在维护我国资本市场的稳定，鼓励个人投资者长期持有证券，减少投机行为，提倡价值投资。

第六章

房地产相关税种的筹划方法与技巧

一、土地增值税的纳税筹划

目前我国相继出台了多项针对土地增值税的减税降费措施，例如，截至 2020 年，非公司制企业整体改制为有限责任公司或者股份有限公司，有限责任公司整体改制为股份有限公司等，对改制前的企业将国有土地使用权、地上的建筑物及其附着物转移、变更到改制后的企业，暂不征收土地增值税。

值得注意的是，在多项减税举措中，重组改制的房地产企业并不适用土地增值税优惠政策。财政部发布的《关于继续实施企业改制重组有关土地增值税政策的通知》（财税〔2018〕57 号）强调，改制重组有关土地增值税政策不适用于房地产转移任意一方为房地产开发企业的情形。也就是说，只要交易方中有房地产企业，土地增值税的优惠处理均不适用。

（一）土地增值税的计算

1. 纳税义务人

土地增值税的纳税义务人为转让国有土地使用权、地上建筑物及其附着物，并取得收入的单位和个人。单位包括各类企业、事业单位、国家机关和社会团体及其他组织。个人包括个体经营者。

以下情况不属于土地增值税的征税范围：

（1）国有土地使用权出让；

（2）房地产的继承、赠与；

（3）房地产出租。

2. 土地增值额的确定

土地增值税针对转让土地、建筑物的增值额纳税。

（1）增值额 = 收入额 − 扣除项目金额

（2）扣除项目金额 = 取得土地使用权支付的金额 + 房地产开发成本 + 房地产开发费用 + 税金 + 旧房及建筑物的评估价 + 其他扣除项目

3. 税率

土地增值税实行四级超率累进税率，如表 6-1 所示。

表 6-1　土地增值税税率

级数	增值额与扣除项目金额的比率	税率	速算扣除系数
1	不超过 50% 的部分	30%	0
2	超过 50% 至 100% 的部分	40%	5%
3	超过 100% 至 200% 的部分	50%	15%
4	超过 200% 的部分	60%	35%

4. 应纳税额的计算

（1）分段计算：

$$应纳税额 = \sum（每级距的土地增值额 \times 适用税率）$$

（2）用速算扣除法计算：

土地增值税 = 增值额 × 税率 − 扣除项目金额 × 速算扣除系数

在实务中，由于分段计算比较烦琐，因此企业一般采用速算扣除法计算土地增值税。

如何计算土地增值税

[案例资料]

北京某房地产公司转让一栋商品房，取得收入总额 1 000 万元，应扣除的购买土地的金额、开发成本、开发费用、相关税金等合计 400 万元，请计算该房地产开发公司应缴纳的土地增值税。

[税款计算]

第一步，计算增值额：

增值额 =1 000–400=600（万元）

第二步，计算增值率：

增值率 =600÷400×100%=150%

第三步，确定税率：

查表 6-1 可知，适用税率为 50%，速算扣除系数为 15%。

第四步，计算应纳税额：

应纳土地增值税 =600×50%–400×15%=240（万元）

（二）土地增值税的筹划方法

土地增值税纳税筹划的关键点是控制或降低增值额，其筹划方法可概括为三点：一是想方设法降低或分散房屋销售收入；二是适当增加可以扣除项目的金额；三是利用普通住宅增值额临界点的税收优惠政策。

1. 适当分散收入

分散收入比较常见的方法是将可以分开单独处理的部分从整个房地产中分离，例如，将房屋内部的空调等各种设备与房屋的转让相分离，另外签订一份设备转让合同，这样就可以降低房屋的售价，从而减少土地增值税税额。

2. 扩大费用扣除金额

在土地增值税的计算中，可以扣除的项目包括取得土地使用权支付的金额、房地产开发成本、房地产开发费用、税金、旧房及建筑物的评估价以及其他扣除项目。

房地产开发成本包括土地的征用及拆迁补偿费、前期工程费、建筑安装工程费、基础设施费、公共配套设施费及开发间接费用等。

房地产开发费用包括销售费用、管理费用和财务费用。这里需要注意的是，房地产开发费用并不是按照纳税人房地产开发项目实际发生的费用进行扣除，而是分别按以下两种情况，根据规定的标准进行扣除。

（1）利息支出能够取得金融机构贷款证明并能够按房地产开发项目分摊的：

房地产开发费用≤利息＋（取得土地使用权支付的金额＋房地产开发成本）×5%

（2）达不到上述条件的：

房地产开发费用≤（取得土地使用权支付的金额＋房地产开发成本）×10%

各省市在不超过上述最高标准的范围内，自行确定扣除比例。

筹划技巧：如果利息支出金额巨大，则按照第一种计算方法可以扣除更多的开发费用；如果利息支出金额不大，则按照第二种计算方法可以少缴税款。企业应根据实际情况提早谋划房地产开发费用的扣除事宜。

巧用利息支出，多扣开发费用

[案例资料]

天津中达房地产开发公司开发滨海新区一栋住宅楼，支付地价款2 000万元，开发成本为4 000万元，为该项目发生银行贷款利息500万元，能够取得银行贷款证明。

[筹划思路]

假设该企业能够按照所开发房地产项目准确计算分摊利息支出并提供贷款证明，则在计算土地增值税时，房地产开发费用可以扣除的限额如下：

房地产开发费用扣除限额=500+（2 000+4 000）×5%=800（万元）

假设该企业是向民间借贷，无法提供金融机构贷款证明，则计算土地增值税时，房地产开发费用可以扣除的限额为：

房地产开发费用扣除限额=（2 000+4 000）×10%=600（万元）

显然，第一种情况下可以扣除的房地产开发费用更高，因此，企业应尽量取得金融机构贷款证明，并准确计算、分摊利息支出。

3. 利用土地增值税的税收优惠

税法规定，纳税人建造普通标准住宅出售，增值额未超过扣除项目金额 20% 的，免征土地增值税；增值额超过扣除项目金额 20% 的，应就其全部增值额按规定计税。企业可以利用这一免征额的临界点进行纳税筹划，使得扣除土地增值税后的净收益最高。

利用临界点，筹划收益多

[案例资料]

河北中建房地产开发公司位于廊坊市，主要从事房地产的开发与销售。2019 年开发完工一批普通住宅，在制定销售价格时面临两种方案：每平方米以 11 800 元的价格出售，或每平方米以 12 100 元的价格出售。两种方案在计算土地增值税时可扣除项目金额均为每平方米 10 000 元。

请问：该企业应选择何种方案？

[筹划思路]

方案一

增值率 =（11 800-10 000）÷10 000×100%=18%

因为增值率小于 20%，可以免缴土地增值税。

每平方米税后净收益 =11 800-10 000=1 800（元）

方案二

增值率 =（12 100-10 000）÷10 000×100%=21%

土地增值税 =（12 100-10 000）×30%=630（元）

每平方米税后净收益 =12 100–10 000–630=1 470（元）

比较方案一和方案二可知，方案一的税后净收益更高，因此该企业应选择方案一，即按照每平方米 11 800 元的价格进行销售。

4. 合理选择核算方式

《中华人民共和国土地增值税暂行条例》规定，土地增值税以纳税人房地产开发最基本的核算项目或核算对象为单位计算。纳税人既建造普通住宅又建造其他商品房的，应分别核算土地增值额。不分别核算增值额或者不能准确核算增值额的，其建造的普通标准住宅不能适用普通标准住宅的免税规定。

普通标准住宅是指按照所在地一般民用住宅标准建造的居住用住宅，高级公寓、别墅、度假村等不属于普通标准住宅。普通标准住宅和其他住宅的具体划分界限由各省、自治区和直辖市人民政府规定。

根据以上规定，房地产开发企业如果既建造普通住宅，又涉及其他房地产开发项目，那么分开核算与不分开核算会有差异，这取决于不同种类住宅的销售额和可扣除项目金额。在分开核算的情况下，如果能把普通标准住宅的增值额控制在扣除项目总额的 20% 以内，则可以免缴土地增值税，从而减轻税负。

分开核算好还是统一核算好

[案例资料]

上海某房地产开发公司 2019 年在上海郊区拟投资开发一个商品房项目，该项目包括两个部分，一部分是豪华别墅，另一部分是普通商品房。经过测算，豪华别墅的销售额预计为 1 亿元，普通商品房的销售额预计是 2 亿元。整个项目中，按照税法规定可以扣除的金额为 2.2 亿元，其中，别墅的可扣除金额为 6 000 万元，普通商品房的可扣除金额为 1.6 亿元。请帮助该企业做出土地增值税的纳税决策。

[筹划思路]

根据税法规定，该房地产开发企业既建造普通商品房，又建造别墅，分开核算与不分开核算会有差异，这取决于两类住宅的销售额和可扣除项目金额。

土地增值税最低税率为 30%，最高税率为 60%，如果增值率不同的房地产项目合并在一起核算，就有可能降低高增值率房地产项目的适用税率，使该部分房地产的税负下降，同时也可能提高低增值率房地产的适用税率。纳税人需要具体测算相应税额，选择低税负的核算方法。

[税款计算]

（1）分开管理、分别核算

①普通商品房的增值率 =（20 000–16 000）÷ 16 000 × 100%=25%

适用 30% 的税率，速算扣除系数为 0，则：

应纳土地增值税 =4 000 × 30%=1 200（万元）

②别墅的增值率 =（10 000–6 000）÷ 6 000 × 100%=66.67%

适用 40% 的税率，速算扣除系数为 5%，则：

应纳土地增值税 =4 000 × 40%–6 000 × 5%=1 300（万元）

③应缴纳土地增值税合计 =1 200+1 300=2 500（万元）

（2）统一管理、统一核算

增值率＝（30 000–22 000）÷22 000×100%=36%

适用30%的税率，速算扣除系数为0，则：

应纳土地增值税=8 000×30%=2 400（万元）

通过比较可知，该房地产开发公司应当统一管理和核算，此时，应缴纳的土地增值税较低。

如果该公司在分别核算的基础上，能够合理控制普通商品房的增值额，使得普通商品房的增值率控制在20%以下，则该部分不需要缴纳土地增值税，只需要就别墅部分缴纳土地增值税。土地增值税税额降至1 300万元。

二、房产税的纳税筹划

（一）房产税的计算

房产税是以城市、县城、建制镇和工矿区内的房屋为征税对象，依据房屋价格或租金收入向房屋产权所有人征收的一种税。

1. 纳税义务人

房产税以在征税范围内的房屋产权所有人为纳税人。产权属国家所有的，由经营管理单位纳税；产权属集体和个人所有的，由集体单位和个人纳税。

2. 征税范围

房产税的征税范围为城市、县城、建制镇和工矿区。农村的房屋不缴纳房产税；个人非营业用住房免征房产税。

3. 计税方法

房产税的计税依据是房产的计税价值或房产的租金收入。按照房产计税价值征税的，为从价计征；按照房产租金收入计征的，为从租计征。纳税人房产自用的，从价计征；房产出租的，从租计征。

（1）从价计征：

应纳房产税 = 房屋原值 × （1– 扣除率）× 1.2%

扣除率从 10%~30% 不等。

（2）从租计征：

应纳房产税 = 房屋租金 × 12%

（二）房产税的筹划方法

1. 降低应税房产的原值

房屋是指有屋面和围护结构，能够遮风避雨，可供人们在其中生产、工作、学习、娱乐、居住或储藏物资的场所。独立于房屋之外的建筑物，如围墙、假山、烟囱、水塔、室外游泳池、玻璃暖房、变电塔、地窖等，不属于房产的范围。

房产原值应当包括与房屋不可分割的各种附属设备或一般不单独计算价值的配套设施，主要包括暖气、卫生、通风、照明、煤气等设备；各种管线，如蒸汽、压缩空气、石油、给排水等管道；电力、电信、电缆导线；电梯、升降机、过道、晒台等。属于房屋附属设备的水管、下水道、暖气管、煤气管等应从最近的探视井或三通管起计算原值。电灯网、照明线从进线盒连接管起，计算原值。

根据《国家税务总局关于进一步明确房屋附属设备和配套设施计征房产税有关问题的通知》的规定，为了维持和增加房屋的使用功能或使房屋满足设计要求，凡以房屋为载体，不可随意移动的附属设备和配套设施，如给排水、采暖、消防、中央空调、电气及智能化楼宇设备等，无论在会计核算中是否单独记账与核算，都应计入房产原值，计征房产税。

企业应当将应税房产与不属于房产的建筑物，分别在"固定资产"账簿内单独设置明细账进行核算。企业可以通过合理筹划，降低房产原值来节约税款。

降低房产原值可节税

[案例资料]

广东珠海市某企业 2019 年初计划兴建一座花园式工厂，工程分为两个部分：一部分为厂房，供企业生产时使用；另一部分为办公用房以及辅助设施，包括办公楼、室内停车场、室内游泳池、室内喷泉等建筑物。工程造价总计为 2 亿元，其中，室内停车场、室内游泳池和室内喷泉的造价为 500 万元。该方案在董事会上获得通过。由于担心税负太重，企业希望寻找节税的方法。

[筹划思路]

对厂房、办公用房之外的建筑物，如室内停车场、游泳池等尽量建成露天的，并且在会计账簿中单独记载。这部分建筑物的造价不计入房产原值，不缴纳房产税。

[税款计算]

（1）筹划前

企业从工厂建成次月起就应该缴纳房产税。若按照30%的扣除比例计算，则：

每年应纳房产税 =20 000×（1–30%）×1.2%=168（万元）

20年应纳房产税合计 =20×168 =3 360（万元）

（2）筹划后

假设企业将停车场、游泳池、喷泉建成室外露天的，则：

每年可节省的房产税 =500×（1–30%）×1.2%=4.2（万元）

20年可节省的房产税 =4.2×20=84（万元）

2.区分租金和代收收入

从租计征房产税的企业，对于不属于自己实际收入的代收项目收入，如受托收取的水费、电费、网络费等，一定要分开核算，否则会虚增税基，加大税负。

剥离代收费用可节税

[案例资料]

深圳美达房地产公司2019年在市中心建成一幢高档写字楼，配套设施齐全，并提供完善的物业服务。公司将整幢楼出租给某世界五百强企业，在和租户签订的协议中规定：当年的租金收入为2 000万元，其中包含代收的水电费20万元、宽带网络费30万元、物业管理费150万元。请问：该公司应如何进行房产税筹划?

[筹划思路]

房产出租的,房产税的计算采用从租计征的方式,租金收入的变化对房产税税额影响很大。企业在筹划中要注意:不属于自己实际收入的代收项目收入,一定要分开核算,否则会虚增税基。

[筹划技巧]

针对房屋租赁各相关收入,企业可分别签订合同,如租金签订租赁合同,物业管理费签订物业管理合同,水电费、宽带网络费按照承租人实际耗用的数量和规定的价格代收代缴,这样可以免除部分房产税的纳税义务。

[税款计算]

(1)如果该公司把房屋租赁相关收入合并在一起签订租赁合同,应缴纳的房产税为:

房产税税额 =2 000×12%=240(万元)

(2)单独签订合同之后,应缴纳的房产税为:

房产税税额 -(2 000 20 30 150)×12%-216(万元)

筹划后节约的税款 =240-216=24(万元)

3. 合理选择经营模式

房产税有两种计算方式:一是从价计征;二是从租计征。在房产租金较高而房产原值较低的情况下,如果企业将房产出租,则计算得出的税款较高。此时,企业可以与承租方协商,将出租转换为其他形式的经营,采用从价计征的方式计算缴纳房产税,从而降低税负。

转换经营模式可节税

[案例资料]

甲公司是一家内资企业，拥有一处闲置库房，原值 1 000 万元，净值 800 万元，乙公司拟承租该库房，初步商定年租金为 80 万元。甲公司所在地区房产税从价计征扣除比例为 30%。对于这项业务，甲公司应如何进行纳税筹划呢？

[筹划思路]

将出租业务转换为仓储业务：甲公司和乙公司协商，将房屋的租赁改为仓储，即由甲公司代为保管乙公司原准备承租房屋后拟存放的物品，乙公司支付仓储费。

[税款计算]

（1）筹划之前，甲公司从租计征房产税：

甲公司出租库房每年应纳房产税 =80×12%=9.6（万元）

（2）筹划之后，房产税改为从价计征：

甲公司仓储业务每年应纳房产税 =1 000×（1–30%）×1.2%=8.4（万元）

筹划后节约的税款 =9.6–8.4=1.2（万元）

4. 利用房产税优惠政策

《中华人民共和国房产税暂行条例》规定，下列房产免征房产税：

（1）国家机关、人民团体、军队自用的房产；

（2）由国家财政部门拨付事业经费的单位，本身业务范围内使用的房产；

（3）宗教寺庙、公园、名胜古迹自用的房产；

（4）个人所有非营业用的房产；

（5）经财政部批准免税的其他房产。

房产税的征税范围不包括农村，这主要是为了减轻农民负担。如果企业在设立时，将生产实体建在乡村，可以免交房产税等税种。当然，企业可以在市区设立经营管理机构，弥补农村信息不畅、交通不便的不足。

三、契税的纳税筹划

（一）契税的计算

契税是在我国境内转移土地和房屋权属时，由产权承受人缴纳的一种税。土地和房屋权属是指土地使用权和房屋所有权。

1. 征税范围

（1）国有土地使用权出让。国有土地使用权出让是指土地使用者向国家交付土地使用权出让费用，国家将国有土地使用权在一定年限内让与土地使用者的行为。

（2）土地使用权转让。土地使用权转让是指土地使用者以出售、赠与、交换或者其他方式将土地使用权转移给其他单位和个人的行为。

（3）房屋买卖。房屋买卖是指以货币为媒介，出卖者向购买者过渡房产所有权的交易行为。计税依据为成交价格。

（4）房屋赠与。房屋赠与是指房屋产权所有人将房屋无偿转让给他人所有。

（5）房屋交换。房屋交换是指房屋所有者之间互相交换房屋的行为。

2.计税依据

（1）国有土地使用权出让、土地使用权出售、房屋买卖，以成交价格为计税依据。

（2）土地使用权和房屋赠与，由征税机关根据土地、房屋的市场价格核定。

（3）以划拨方式取得的土地使用权在转让时，由房地产转让者补交契税。计税依据为补交的土地使用权出让费用或者土地收益。

3.税率

契税实行 3%~5% 的比例税率。各省、自治区、直辖市政府可以在 3%~5% 的范围内，按照本地区的实际情况决定。

4.应纳税额的计算

应纳税额的计算公式为：

$$应纳税额 = 计税依据 \times 税率$$

（二）契税的筹划方法

契税的纳税筹划主要是通过利用税收优惠政策进行。

1.巧用房产交换

根据《中华人民共和国契税暂行条例》的规定，土地使用权交换、房屋交换，以所交换土地使用权、房屋的交换差额为计税依据。交换价格相等时，任何一方不用缴纳契税；交换价格不等时，由多交付货币、实物等经济利益的一方缴纳契税。当纳税人双方交换土地或房屋所有权时，如果能够缩小差价，就会减少应缴纳的契税。这说明纳税筹划的重点就是尽可能缩小交换差价，从而减轻税负。

巧用房产交换可节税

[案例资料]

深圳居民张某为 A 公司职员，拥有一套面积为 90 平方米、市价为 200 万元的花园洋房。该花园洋房位于市郊，距 A 公司较远，张某觉得上下班不方便，计划卖掉，在公司附近重新购买一套住房。按照契税的优惠政策，购买家庭唯一住房并且面积为 90 平方米及以下的，适用的契税税率为 1%。

[筹划思路]

张某经朋友介绍认识了王某，王某的亲戚正好在 A 公司附近拥有一套房产，面积为 60 平方米、市价为 300 万元。王某的亲戚年纪较大，已经退休，打算搬到环境安静、绿化较好的小区居住，也想把房子卖掉，再买一套合适的房子居住。经王某撮合，双方实地考察了对方的房产，都感觉比较满意。王某学过财税专业，认为双方按照市场价进行房产交换，在契税的缴纳上比较有利，因此建议双方直接进行交换，差价 100 万元由张某补足。

[税款计算]

（1）筹划前

张某全资购买房屋应缴纳的契税 =300×1%=3（万元）

王某的亲戚全资购买房屋应缴纳的契税 =200×1%=2（万元）

（2）筹划后

张某应缴纳契税 =100×1%=1（万元）

王某的亲戚不需要缴纳契税。

筹划后节约的税款 =3+2-1=4（万元）

2. 签订分立合同

企业或个人在购买房产时，通常会涉及相关的附属设施，比如停车位、储藏间、围墙、地窖、变电塔等。这些附属设施是否缴纳契税，主要看是否涉及土地使用权和房屋所有权的转移。根据相关文件的规定，与房屋相关的附属设施，如停车位、汽车库、自行车库、顶层阁楼以及储藏室等需要缴纳契税。独立于房屋之外的建筑物、构筑物以及地面附着物，如围墙、烟囱、水塔、油气罐、蓄水池等，不需要缴纳契税。

纳税人在购买房产及其附属设施时，应对相关政策进行了解，如果不了解这些政策，很容易按照全部购买价款缴纳契税，给企业带来纳税上的损失。

分立合同可节税

[案例资料]

山东宏星实业有限公司主营化学物品生产，2019 年 9 月拟将一个生产车间整体出售给河北福源化工厂。该生产车间总占地面积为 3 000 平方米，整体评估价为 600 万元。其中：厂房评估价为 150 万元；地下一层为储藏仓库，评估价为 50 万元；土地评估价为 300 万元；围墙、烟囱、油气罐、蓄水池等评估价为 100 万元。双方签订了一份财产转让合同，总价款为 600 万元，福源化工厂按照 600 万元、3% 的税率，缴纳了 18 万元的契税。

[税法链接]

根据财税〔2004〕第 126 号文的规定，对于承受与房屋相关的附属设施（包括停车位、汽车库、自行车库、顶层阁楼以及储藏室等）所有权或土地使用权的行为，按照契税法律、法规的规定征收契税；对于不涉及土地使用权和房屋所有权转移变动的，不征收契税。采取分期付款方式购买房屋附属设施土地使用权、房屋所有权的，应按照合同规定的总价款计征契税。承受的房屋附属设施权属如为单独计价的，按照当地确定的适用税率征收契税；如与房屋统一计价的，适用与房屋相同的契税税率。

[筹划思路]

根据上述规定，本例中需要缴纳契税的附属设施为地下一层的储藏仓库，其余附属设施不需要缴纳契税，因此建议企业签订两份销售合同，第一份合同为厂房、储藏仓库和土地使用权的销售合同，价款为 500 万元；第二份合同为独立的围墙、烟囱、油气罐、蓄水池的销售合同，价款为 100 万元。这样企业仅需要缴纳 15（500×3%）万元的契税，节省税款 3 万元。

3. 转换投资形式

为了支持企事业单位改革，促进经济发展，《财政部 税务总局关于继续支持企业事业单位改制重组有关契税政策的通知》（财税〔2018〕17 号）对企业公司制改造、公司股权（股份）转让、公司合并、公司分立、企业出售、企业破产、债权转股权、资产划转以及事业单位改制过程中涉及的土地、房屋权属，规定了免征或减征契税的优惠政策。

以下列举了部分规定。

（1）企业公司制改造：非公司制企业整体改建为有限责任公司或股份有限公司，有限责任公司整体改建为股份有限公司，股份有限公司整体改建为有限责任公司的，对改建后的公司承受原企业土地、房屋权属，免征契税。

（2）公司股权（股份）转让：在股权（股份）转让中，单位、个人承受公司股权（股份），公司土地、房屋权属不发生转移，不征收契税。

（3）资产划转：同一投资主体内部所属企业之间土地、房屋权属的划转，包括母公司与其全资子公司之间，同一公司所属全资子公司之间，同一自然人与其设立的个人独资企业、一人有限公司之间土地、房屋权属的划转，免征契税。

关于其他优惠政策，读者可以自行查阅该文件的相关规定。

企业可以充分利用上述优惠政策，合理转换投资形式和组织形式，从而减轻纳税负担。

资产内部划转可免税

[案例资料]

王涛硕士毕业后进入一家知名广告公司工作，几年后有了一定的资金和客户积累，决定辞职与同事李强合伙开设一家平面设计公司。该公司拟采用有限责任公司的形式，注册资本为200万元。王涛打算以自己持有的一套市价为120万元的临街商铺作为出资，该商铺可作为公司的办公场所，占股60%；李强以现金80万元作为出资，占股40%。在筹备开办公司的相关事宜时，王涛了解到，将个人名下的房产作为投资登记到公司名下，涉及产权的转移，需要按照3%的税率缴纳契税。于是，他通过朋友联系了一位从事税务咨询工作多年的专家进行纳税咨询。

[**筹划思路**]

当税务咨询专家了解到双方的投资意图后，建议王涛先以个人名下的该房产作为出资，注册成立一人有限责任公司。在该环节，按照财税〔2018〕17号文件的规定，同一自然人与其设立的一人有限责任公司之间土地、房屋权属的划转，免征契税。然后，通过转让40%股权的形式吸收新股东李强，将一人有限责任公司变更为两人投资的有限责任公司。根据政策，股权转让中公司房屋权属不发生转移，不征收契税。按此方案实施后，可以少缴契税3.6（120×3%）万元。

4.利用其他优惠政策

契税主要有如下税收优惠政策：

（1）国家机关、事业单位、社会团体、军事单位承受土地、房屋用于办公、教学、医疗、科研和军事设施的，免税；

（2）城镇职工按规定第一次购买公有住房的，免税；

（3）因不可抗力灭失住房而重新购买住房的，酌情准予减税或免税；

（4）土地、房屋被县级以上人民政府征用、占用后，重新承受土地、房屋权属的，由省级人民政府确定是否免税；

（5）承受荒山、荒沟、荒丘、荒滩土地使用权，并用于农、林、牧、渔业生产的，免税。

四、城镇土地使用税的纳税筹划

（一）城镇土地使用税的计算

城镇土地使用税是对在城市、县城、建制镇和工矿区内拥有土地使用权的单位和个人征收的一种税。

1. 征税范围

城镇土地使用税的征税范围为城市、县城、建制镇和工矿区。城市是指经国务院批准设立的市；县城是指县人民政府所在地；建制镇是指经省、自治区、直辖市人民政府批准设立的建制镇；工矿区是指工商业比较发达，人口比较集中，符合国务院规定的建制镇标准，但尚未设立建制镇的大中型工矿企业所在地，工矿区须经省、自治区、直辖市人民政府批准。

2. 纳税义务人

纳税义务人为土地使用权的拥有者。城镇土地使用税实行按年计算、分期缴纳的计征办法。不论企业盈亏，只要占用城镇土地进行生产经营，每年都要缴纳城镇土地使用税。

3. 税率

城镇土地使用税采用定额税率，即采用有幅度的差别税额，按大、中、小城市和县城、建制镇、工矿区分别规定每平方米年应纳税额。大、中、小城市的划分标准为：人口在 50 万人以上的为大城市；人口在 20 万 ~50 万人的为中等城市；人口在 20 万人以下的为小城市。

城镇土地使用税税率如表 6-2 所示。

表 6-2　城镇土地使用税税率

单位：元

级别	每平方米税额
大城市	1.5 ~ 30
中等城市	1.2 ~ 24
小城市	0.9 ~ 18
县城、建制镇、工矿区	0.6 ~ 12

4. 应纳税额的计算

全年应纳税额的计算公式为：

全年应纳税额 = 实际占用土地面积（平方米）× 适用税额

（二）城镇土地使用税的筹划方法

1. 利用地区税额差别

纳税人实际占有并使用的土地的所在区域，直接关系到缴纳城镇土地使用税数额的高低。企业可以结合投资项目的实际需要，从以下几个方面进行选择：

一是在经济发达与欠发达的省份之间选择；

二是在同一省份的大、中、小城市以及县城和工矿区之间做出选择；

三是在同一城市、县城和工矿区的不同等级的土地之间做出选择。

投资地点很关键，节省税款是王道

[**案例资料**]

湖南长沙某食品厂目前占地 5 000 平方米，现需要新征用土地 3 000 平方米用来扩大厂区。随着城市化进程的加速，该食品厂所在位置由原来的郊区变成了市区，导致城镇土地使用税大幅上升。该食品厂在投资建设新的厂区时，有两个方案：一是在现有厂址的基础上扩建 3 000 平方米；二是选择到偏僻的农村征用土地建设新厂区。企业应如何规划厂区的建设？（现执行的城镇土地使用税税率为 12 元 / 平方米）

[**筹划思路**]

该食品厂在筹划建设新厂区时，可以考虑选择在不需要缴纳城镇土地使用税的区域建设，这样可以为企业降低税费。

[**税款计算**]

方案一

征用土地后每年缴纳城镇土地使用税 =（5 000+3 000）× 12=96 000（元）

方案二

征用土地后每年缴纳城镇土地使用税 =5 000 × 12=60 000（元）

每年可以节省税款 =96 000–60 000=36 000（元）

除了城镇土地使用税以外，该区域建设的厂房等也不征收房产税和城市维护建设税，能够给企业带来不小的筹划利益。

当然，企业厂址设在农村可能会带来交通不便等问题，企业可以将生产经营的重要部门，如市场部、营销部等设在相对繁华的区域，方便其业务开展，从而最大限度地利用区域税收差别。

2. 利用税收优惠规定

根据《中华人民共和国城镇土地使用税暂行条例》的规定，下列土地免缴城镇土地使用税：

（1）国家机关、人民团体、军队自用的土地；

（2）由国家财政部门拨付事业经费的单位自用的土地；

（3）宗教寺庙、公园、名胜古迹自用的土地；

（4）市政街道、广场、绿化地带等公共用地；

（5）直接用于农、林、牧、渔业的生产用地；

（6）非营利性医疗机构、疾病控制机构和妇幼保健机构等卫生机构自用的土地。

另外，经批准开山填海整治的土地和改造的废弃土地，从使用的月份起免缴土地使用税 5~10 年。

巧用优惠政策来节税

[案例资料]

江苏镇江某企业厂区外侧有一块 10 000 平方米的空地，属于企业所有。由于位置不好，目前商业开发价值不大，所以一直闲置，供职工及家属、周边居民休闲娱乐用。该地区的土地使用税为每平方米 2 元。每年应纳城镇土地使用税 20 000 元。

[筹划思路]

企业投入 50 000 元资金，将空地改造成公共绿化用地。按税法规定，公共绿化用地免征城镇土地使用税。

假设企业 3 年后才开发该地块，则：

节省城镇土地使用税 =20 000 × 3=60 000（元）

筹划收益 =60 000–50 000=10 000（元）

第七章

其他税种的筹划方法与技巧

一、资源税的纳税筹划

（一）资源税的计算

1. 纳税义务人

2019 年 8 月 26 日，第十三届全国人民代表大会常务委员会第十二次会议表决通过了《中华人民共和国资源税法》（以下简称《资源税法》），该法自 2020 年 9 月 1 日起施行。根据《资源税法》规定，资源税的纳税人为在中华人民共和国领域和中华人民共和国管辖的其他海域开发应税资源的单位和个人。

2. 税目

资源税的税目包括五大类，分别是能源矿产、金属矿产、非金属矿产、水气矿产和盐。每个税目下设有若干个子目。

（1）能源矿产包括原油、天然气、页岩气、天然气水合物、煤、煤成（层）气、铀、钍、油页岩、油砂、天然沥青、石煤和地热。

（2）金属矿产包括黑色金属和有色金属两类。黑色金属包括铁、锰、铬、钒、钛；有色金属包括铜、铅、锌、锡、镍和锑等。

（3）非金属矿产包括矿物类、岩石类和宝玉石类。矿物类包括高岭土、石灰岩、磷、石墨和萤石等；岩石类包括大理岩、花岗岩、白云岩、石英岩、砂岩和辉绿岩等；宝玉石类包括宝石、玉石、宝石级金刚石、玛瑙、黄玉和碧玺。

（4）水气矿产包括二氧化碳气、硫化氢气、氦气、氡气和矿泉水。

（5）盐包括钠盐、钾盐、镁盐、锂盐、天然卤水和海盐。

3. 应纳税额的计算

资源税实行从价计征或者从量计征。

（1）实行从价计征的，应纳税额按照应税资源产品（以下称应税产品）的销售额乘以具体适用税率计算。公式如下：

$$应纳税额 = 销售额 × 适用税率$$

新颁布的《资源税法》基本采用从价计征的方式征收资源税。

（2）实行从量计征的，应纳税额按照应税产品的销售数量乘以具体适用税额计算。公式如下：

$$应纳税额 = 销售数量 × 单位税额$$

《税目税率表》中规定可以选择实行从价计征或者从量计征的，具体计征方式由省、自治区、直辖市人民政府提出，报同级人民代表大会常务委员会决定，并报全国人民代表大会常务委员会和国务院备案。

（二）资源税的纳税筹划方法

1. 分别核算不同税目应税产品

《资源税法》第四条规定，纳税人开采或者生产不同税目应税产品的，应当分别核算不同税目应税产品的销售额或者销售数量；未分别核算或者不能准确提供不同税目应税产品的销售额或者销售数量的，从高适用税率。

根据上述规定，企业在进行核算时，需要准确区分不同应税产品和减免税项目，避免从高适用税率，达到节约税款的目的。

资源税法变化大，准确核算益处多

[案例资料]

辽宁省本溪市大野矿场 2016 年正式开业，主要生产销售铁矿石。假设该矿场 2020 年 10 月销售铁矿石原矿 20 000 吨，每吨价格为 700 元。在开采铁矿石的过程中还开采销售伴生矿锰矿石 100 吨，每吨价格为 6 000 元。本地规定的铁矿石原矿适用的税率为 5%，锰矿石原矿适用的税率为 8%。由于该矿场为个体老板承包经营，经营初期的会计核算还不规范，未对各种矿石的销售额做准确的记录，因此征税时按照 8% 的税率从高缴税。请为该矿场提供合理的纳税建议。

[筹划方法]

伴生矿是指在同一矿床内，除了主要矿产品以外，其余可供工业利用的成分。建议该矿场根据《资源税法》第四条的规定，分别核算铁矿石和锰矿石的销售金额，这样可以分别计算各自应纳资源税税款，避免从高适用税率，为企业减轻税负。

[税款计算]

（1）筹划前：应纳资源税 =（ $2 \times 700 + 0.01 \times 6\,000$ ）$\times 8\% = 116.8$（万元）

（2）筹划后：应纳资源税 $=2 \times 700 \times 5\% + 0.01 \times 6\,000 \times 8\% = 74.8$（万元）

（3）节约税款 $=116.8 - 74.8 = 42$（万元）

2. 利用资源税的税收优惠政策

企业可以利用资源税的免征、减征优惠政策，达到减轻税负的目的。

（1）《资源税法》规定的资源税免征政策有：

①开采原油以及在油田范围内运输原油过程中用于加热的原油、天然气；

②煤炭开采企业因安全生产需要抽采的煤成（层）气。

（2）《资源税法》规定的资源税减征政策有：

①从低丰度油气田开采的原油、天然气，减征百分之二十资源税；

②高含硫天然气、三次采油和从深水油气田开采的原油、天然气，减征百分之三十资源税；

③稠油、高凝油减征百分之四十资源税；

④从衰竭期矿山开采的矿产品，减征百分之三十资源税。

（3）除以上优惠政策之外，有下列情形之一的，省、自治区、直辖市可以决定免征或者减征资源税：

①纳税人开采或者生产应税产品过程中，因意外事故或者自然灾害等原因遭受重大损失；

②纳税人开采共伴生矿、低品位矿、尾矿。

免征或者减征资源税的具体办法，由省、自治区、直辖市人民政府提出，报同级人民代表大会常务委员会决定，并报全国人民代表大会常务委员会和国务院备案。

合理利用税收优惠

[**案例资料**]

假设某煤矿 2020 年 9 月销售原煤 5 万吨，每吨的销售价格为 500 元。在开采原煤的过程中，煤矿因安全生产需要，抽采并销售煤层气 5 万立方米，另外出售煤层气 5 万立方米，每立方米的销售价格为 2 元。当地原煤的资源税税率为 5%，煤层气的资源税税率为 1%。请计算并缴纳资源税。

[**税法链接**]

《资源税法》第八条规定，纳税人的免税、减税项目，应当单独核算销售额或者销售数量；未单独核算或者不能准确提供销售额或者销售数量的，不予免税或者减税。该煤矿对销售的煤层气已单独进行核算，因此，因安全生产需要抽采并销售的 5 万立方米煤层气，可以享受免税的优惠。

[**税款计算**]

2020 年 9 月应纳资源税 $=5 \times 500 \times 5\% + 5 \times 2 \times 1\% = 125.1$（万元）

二、印花税的纳税筹划

1988 年 8 月，国务院公布《中华人民共和国印花税暂行条例》（以下简称《印花税暂行条例》），规定自 1988 年 10 月 1 日起，对书立、领受合同、产权转移书据等应税凭证的单位和个人征收印花税。1992 年，我国对沪、深两市证券交易征收印花税。2018 年 11 月，财政部、国家税务总局印发《中华人民共和国印花税法（征求意见稿）》[以下简称《印花税法（征求意见稿）》]。其中，第一条规定：订立、领受在中华人民共和国境内具有法律效力的应税凭证，或者在中华人民共和国境内进行证券交易的单位和个人，为印花税的纳税人，应当依照本法规定缴纳印花税。

（一）印花税的计算

1. 印花税的税目和税率

印花税的应税凭证包括合同、产权转移书据、营业账簿以及权利、许可证照。证券交易是指在依法设立的证券交易所上市交易或者在国务院批准的其他证券交易场所转让公司股票和以股票为基础发行的存托凭证。

印花税的税目税率如表 7-1 所示。

表 7-1　印花税的税目税率

税目		税率	备注
合同	买卖合同	支付价款的万分之三	指动产买卖合同
	借款合同	借款金额的万分之零点五	指银行业金融机构和借款人（不包括银行同业拆借）订立的借款合同
	融资租赁合同	租金的万分之零点五	
	租赁合同	租金的千分之一	
	加工承揽合同	支付报酬的万分之三	
	建筑工程合同	支付价款的万分之三	
	货物运输合同	运输费用的万分之五	指货运合同和多式联运合同（不包括管道运输合同）
	技术合同	支付价款、报酬或者使用费的万分之三	
	保管合同	保管费的千分之一	
	仓储合同	仓储费的千分之一	
	财产保险合同	保险费的千分之一	不包括再保险合同

（续表）

税目	税率		备注
产权转移书据	土地使用权出让和转让书据；房屋等建筑物、构筑物所有权、股权（不包括上市和挂牌公司股票）、商标专用权、著作权、专利权、专有技术使用权转让书据	支付价款的万分之五	
权利、许可证照	不动产权证书、营业执照、商标注册证、专利证书	每件5元	
营业账簿		实收资本（股本）、资本公积合计金额的万分之二点五	
证券交易		成交金额的千分之一	对证券交易的出让方征收，不对证券交易的受让方征收

2. 印花税的计税依据

（1）应税合同的计税依据，为合同列明的价款或者报酬，不包括增值税税款；合同中价款或者报酬与增值税税款未分开列明的，按照合计金额确定。

（2）应税产权转移书据的计税依据为产权转移书据列明的价款，不包括增值税税款；产权转移书据中价款与增值税税款未分开列明的，按照合计金额确定。

（3）应税营业账簿的计税依据为营业账簿记载的实收资本（股本）、资本公积合计金额。

（4）应税权利、许可证照的计税依据为按件确定。

（5）证券交易的计税依据为成交金额。

3. 印花税的计算方法

印花税根据应税证照或者凭证的性质，分别按照比例税率或者定额税率计算应纳税额。

（1）按比例税率计税的计算公式：

合同应纳税额 = 价款或报酬 × 适用税率

产权转移书据应纳税额 = 价款 × 适用税率

营业账簿应纳税额 =（实收资本金额 + 资本公积金额）× 适用税率

证券交易应纳税额 = 成交金额 × 适用税率

（2）按定额税率计税的计算公式：

权利、许可证照应纳税额 = 证照件数 × 适用税额

（二）印花税的纳税筹划

1. 模糊金额法

在实务中，经济合同的当事人在签订合同时，有时会遇到合同结算金额无法预先确定的情况。我国印花税的计税依据是根据合同所载金额和适用税率确定的。当金额无法最终确定时，往往需要等到最终结算时再确定计税依据。这就给纳税筹划提供了空间。企业可以改变结算方式，将确定的金额变更为不确定的金额，延缓纳税时间，从而获得延期纳税的好处。

巧签财产租赁合同，延期缴纳印花税

[案例资料]

北京中海物流公司打算承租北京华贸实业公司一处 200 平方米的小型仓库作为经营用房，双方拟在签订合同时明确租期为 3 年，租金每年 36 万元，每年年末支付，共计 108 万元。

[税法链接]

根据《印花税暂行条例》和《印花税法（征求意见稿）》的规定，财产租赁合同应当在合同签订时按租赁金额的千分之一贴花。税额不足 1 元的，按 1 元贴花。

按照《印花税法（征求意见稿）》第六条的规定，应税合同、产权转移数据未列明价款或者报酬的，按照订立合同、产权转移书据时的市场价格确定；不能按照这一方法确定的，按照实际结算的价款或者报酬确定。

[筹划思路]

在该案例中，签约双方可以根据需要进行协商，将合同改为"仓库租金为每平方米每天 5 元，每年年末由双方确认租赁的实际面积和具体租期后结算一次租金。"这样一来，合同即属于计税金额不确定的合同，如果没有同类仓库出租的市场价格，可以在年末实际结算时再确定应纳税额。通过这样的操作，可以达到推迟缴纳印花税的效果，使承租企业获得货币时间价值。

[知识加油站]

需要注意的是，对应税凭证，凡由两方或者两方以上当事人共同书立的，其当事人各方都是印花税的纳税人，应各就其所持凭证的计税金额履行纳税义务。在本案例中，由于财产租赁合同一式两份，出租方和承租方各持一份，因此双方都是印花税的纳税人，应当分别缴纳印花税。

2. 保守金额法

印花税是一种行为税，只要交易双方签订了应税合同，纳税义务就已经产生。双方必须按照规定计税并完税，无论将来合同是否如约履行。因此，在拟定合同文本时，签约双方应充分估计可能遇到的各种情况，确定比较合理、保守的金额。这样可以避免多缴印花税。

合同金额是关键 合理预计可节税

[案例资料]

上海通达贸易公司主营节庆装饰用品的出口业务，2019 年圣诞节即将来临，公司打算购进一批节庆用品用于出口。公司预计出口形势较好，打算先采购 2 000 万元节庆用品。于是，公司和浙江义乌的生产厂家取得联系并于 2019 年 10 月 20 日签订了购货合同。2019 年 11 月，公司发现国外的订购量远达不到预期，于是紧急联系生产厂家，并于 2019 年 11 月 28 日修改了采购合同金额，将原采购 2 000 万元节庆用品的合同修改为采购 1 000 万元节庆用品。

[税法链接]

《印花税法（征求意见稿）》第十条规定，同一应税凭证由两方或者两方以上当事人订立的，应当按照各自涉及的价款或者报酬分别计算应纳税额。

《印花税法（征求意见稿）》第十七条规定，已缴纳印花税的凭证所载价款或者报酬增加的，纳税人应当补缴印花税；已缴纳印花税的凭证所载价款或者报酬减少的，纳税人可以向主管税务机关申请退还印花税税款。

[筹划思路]

公司 2019 年 10 月 20 日签订合同当日，纳税义务已经产生，签约双方应按照 2 000 万元的签约金额、万分之三的税率分别计算应纳税额并完税。2019 年 11 月 28 日修改合同金额后，按照规定虽然可以申请退还印花税税款，但企业的现金流出已经发生，只能等待退税。故企业在经济形势不明朗的情况下，可以保守估计采购金额，避免出现多缴税款的情况发生。

[税款计算]

（1）若按照 2 000 万元签订采购合同，则双方各自应缴纳印花税 $20\,000\,000 \times 0.3‰ = 6\,000$（元）。

（2）若按照 1 000 万元签订采购合同，则双方各自应缴纳印花税 $10\,000\,000 \times 0.3‰ = 3\,000$（元）。

3. 分开核算法

在企业经济活动中，有时一份合同会签订两个或两个以上经济事项。无论是《印花税暂行条例》还是《印花税法（征求意见稿）》都规定：同一应税凭证载有两个或者两个以上经济事项并分别列明价款或者报酬的，按照各自适用的税目、税率计算应纳税额；未分别列明价款或者报酬的，按税率高的计算应纳税额。企业在签订合同时，应尽量列明不同项目的合同金额，避免出现从高适用税率情况的发生。

合同金额莫混淆，分开计税更合适

[案例资料]

天津中港国际货运公司主营对亚洲国家的出口商品运输业务。2019 年 12 月承接了河北一家国有企业的化工产品运输业务。合同规定，中港货运公司提供产品等待报关期间的保管服务和出口运输服务，金额共计 50 万元。双方于 2019 年 12 月 20 日正式签订合同。

[筹划思路]

按照《印花税法（征求意见稿）》的规定，货物运输合同适用万分之五的税率，货物保管合同适用千分之一的税率。该合同中未分别列明两项业务的价款，应从高适用千分之一的税率。筹划方法是在合同中分别记载两项业务的金额，则货物运输部分可以按万分之五的低税率计税。

[税款计算]

（1）筹划前

应缴纳印花税 =500 000×1‰ =500（元）

（2）筹划后

假设合同中写明货物运输费为 45 万元、货物保管费为 5 万元，则：

应缴纳印花税 =450 000×0.5‰ +50 000×1‰ =275（元）

（3）节约税款

节约税款 =500-275=225（元）

4. 借款方式筹划法

根据《印花税法（征求意见稿）》的规定，借款合同按照借款金额的万分之零点五计税，但只限于银行业金融机构和借款人订立的借款合同（不包括银行同业拆借）。企业之间的借款合同不用申报缴纳印花税。因此，对于借款企业来说，如果从其他企业借款的利率与从银行借款的利率相同或差异较小，可以优先选择从其他企业借款，这样无需缴纳印花税，可以减轻税负。

三、车辆购置税的纳税筹划

车辆购置税是对在中国境内购置应税车辆的单位和个人征收的一种直接税。2018年12月29日，第十三届全国人民代表大会常务委员会第七次会议通过《中华人民共和国车辆购置税法》（以下简称《车辆购置税法》），2019年7月1日起开始施行，替代了原来的《中华人民共和国车辆购置税暂行条例》。

（一）车辆购置税的计算

1. 纳税义务人

车辆购置税的纳税义务人为在我国境内购置汽车、有轨电车、汽车挂车、排气量超过150毫升的摩托车的单位和个人。

2. 计税依据

车辆购置税采用从价计征的方法。计税价格按照下列规定确定。

（1）纳税人购买自用的应税车辆，计税价格为支付给销售者的全部价款，不包含增值税税款。

（2）纳税人进口自用的应税车辆，计税价格为组成计税价格。公式为：

$$组成计税价格 = 关税完税价格 + 关税 + 消费税$$

（3）纳税人自产自用的应税车辆，计税价格按照纳税人生产的同类应税车辆的销售价格确定，不包括增值税税款。

（4）纳税人以受赠、获奖或者其他方式取得自用的应税车辆，计税价格按照购置应税车辆时相关凭证载明的价格确定，不包括增值税税款。

3.税率

车辆购置税采用 10% 的比例税率。

4.应纳税额的计算

车辆购置税按照不含增值税的计税价格和税率计算。公式为：

$$应纳税额 = 计税价格 \times 税率$$

（二）车辆购置税的纳税筹划

1.缩小计税价格

根据我国《车辆购置税法》及相关规定，购车者随车辆购买的工具件、零部件的价款，应作为购车款的一部分，并入计税依据中缴纳车辆购置税。支付的车辆装饰费，应作为价外费用，并入计税依据中计税。

对于车辆销售单位代收的保险费、牌照费等款项，凡使用代收单位（受托方）票据收取的，应视为价外费用，并入计税依据中计算缴纳车辆购置税；凡使用委托方的票据收取、受托方只履行代收义务或收取手续费的，不并入计税依据，按其他税收政策征税。

因此，企业或者个人在购置车辆时，可以通过分次购买、各自另行开票等方式，尽量降低计税价格，从而减轻车辆购置税负担。

降低计税价格，减轻购置税负

[案例资料]

A公司2019年9月5日从北京某汽车4S店（一般纳税人）购入一辆小轿车，支付购车款33万元（含增值税）、代办车辆牌照费500元、交强险1 000元、购买车载灭火器等工具花费500元，另支付汽车贴膜、GPS导航、座椅椅套等汽车装饰费7 000元。各项费用由该汽车4S店统一开具了机动车销售发票。

[筹划思路]

A公司在购车时，代办车辆牌照费、交强险可以由委托单位另行开具发票，这样代收款项的部分就不必缴税；汽车工具、汽车装饰等，可单独下次购买，这些开支无需作为价外费用并入计税价格。如此，计税价格可以降低，相应的车辆购置税就会减少。

[税款计算]

（1）筹划前

车辆购置税 = [（330 000+500+1 000+500+7 000）÷（1+13%）] × 10%
　　　　　　=30 000（元）

（2）筹划后

代收款项和工具费、汽车装饰费无需缴纳车辆购置税。

车辆购置税 =330 000÷（1+13%）× 10%=29 204（元）

（3）节约税款

节约税款 =30 000–29 204=796（元）

2.选择合适经销商

车辆购置税的计税价格不包括增值税税款，在计税时应将含税价转换为不含税价，再乘以税率。如果经销商是一般纳税人，则按照13%的税率换算；如果是小规模纳税人，则按照3%的征收率换算。在计税价格等完全相同的情况下，经销商的纳税人身份对车辆购置税是有影响的。

选好经销商，节约税款多

[案例资料]

仍以上文中A公司购车为例。假设该4S店为小规模纳税人，A公司仍然按照原先的价格支付购车的各种费用。

[税款计算]

（1）经销商为一般纳税人：车辆购置税 =［（330 000+500+1 000+500+7 000）÷（1+13%）］×10%=30 000（元）

（2）经销商为小规模纳税人：车辆购置税 =（330 000+500+1 000+500+7 000）÷（1+3%）×10%=32 913（元）

通过比较可知，经销商如为一般纳税人，可节约税款 2 913 元。

3.利用税收优惠

《车辆购置税法》规定了一些免税项目，主要包括：

（1）外国驻华使馆、领事馆和国际组织驻华机构及其有关人员自用的车辆；

（2）中国人民解放军和中国人民武装警察部队列入装备订货计划的车辆；

（3）悬挂应急救援专用号牌的国家综合性消防救援车辆；

（4）设有固定装置的非运输专用作业车辆；

（5）城市公交企业购置的公共汽电车辆。

四、车船税的纳税筹划

车船税是以车船为征税对象，向拥有车船的单位和个人征收的一种财产税。现行法律是 2012 年 1 月 1 日开始实施的《中华人民共和国车船税法》（以下简称《车船税法》）。

（一）车船税的计算

1. 纳税义务人

车船税的纳税义务人是在中国境内应税车辆、船舶的所有人或者管理人。其中，所有人是指在我国境内拥有车辆和船舶的单位和个人；管理人是指对车船具有管理使用权但没有所有权的单位和个人。

2. 征税范围

车船税的征税范围是车船税所附税目税额表规定的车辆和船舶，包括依法应当在车船管理部门登记的机动车辆和船舶，以及依法不需要在车船管理部门登记的在单位内部场所行驶或者作业的机动车辆和船舶。

3. 税目和税率

车船税采用的是定额税率。车船税的税目税额如表 7-2 所示。

表 7-2　车船税的税目税额

金额单位：元

税目		计税单位	年基准税额	备注
乘用车按发动机气缸容量（排气量分档）	1.0 升（含）以下	每辆	60~360	核定载客人数 9 人（含）以下
	1.0 升以上至 1.6 升（含）		300~540	
	1.6 升以上至 2.0 升（含）		360~660	
	2.0 升以上至 2.5 升（含）		660~1 200	
	2.5 升以上至 3.0 升（含）		1 200~2 400	
	3.0 升以上至 4.0 升（含）		2 400~3 600	
	4.0 升以上		3 600~5 400	
商用车	客车	每辆	480~1 440	核定载客人数 9 人以上（包括电车）
	货车	整备质量每吨	16~120	1. 包括半挂牵引车、挂车、客货两用车、三轮汽车和低速载货汽车等 2. 挂车按照货车税额的 50% 计算
其他车辆	专用作业车	整备质量每吨	16~120	不包括拖拉机
	轮式专用机械车	整备质量每吨	16~120	
摩托车		每辆	36~180	
船舶	机动船舶	净吨位每吨	3~6	拖船和非机动驳船分别按机动船舶税额的 50% 计算；游艇的税额另行规定
	游艇	艇身长度每米	600~2 000	

不同吨位的船舶具体适用税额为：

（1）净吨位小于或等于 200 吨的，每吨 3 元；

（2）净吨位 201 吨至 2 000 吨的，每吨 4 元；

（3）净吨位 2 001 吨至 10 000 吨的，每吨 5 元；

（4）净吨位 10 001 吨及以上的，每吨 6 元。

不同长度的游艇的具体适用税额为：

（1）艇身长度不超过 10 米的，每米 600 元；

（2）艇身长度超过 10 米但不超过 18 米的，每米 900 元；

（3）艇身长度超过 18 米但不超过 30 米的，每米 1 300 元；

（4）艇身长度超过 30 米的，每米 2 000 元。

4. 应纳税额的计算

车船税按年申报，分月计算，一次性缴纳。

新购置的车船，购置当年的应纳税额自纳税义务发生的当月起，按月计算。计算公式为：

$$应纳税额 =（年应纳税额 \div 12）\times 应纳税月份数$$

$$应纳税月份数 = 12 - 纳税义务发生时间（取月份）+1$$

（二）车船税的纳税筹划

1. 临界点筹划法

从以上车船税的计算可知，车船税总的原则是排量大、吨位高、艇身长的车船，税额高；排量小、吨位低、艇身短的车船，税额低。这体现了公平税负、合理负担的税收政策。

企业和个人在购买车船时，一般会考虑车船的性能、质量、价格、外型等因素，往往会忽略未来缴纳的车船税的多少。实际上，车船税会影响车船使用的经济性。在选择购买车船时，要考虑额外的收益和增加的税负之间的关系。

巧用临界点，避免多纳税

[案例资料]

武汉振远船舶运输有限公司2019年10月打算购买一艘新船，用于长江流域的货运。经过对目前市场上销售的新船的载重、性能和价格等进行调查，相关负责人提出有两种型号的船可以选择：一种净吨位为2 000吨，另一种净吨位为2 001吨。这两种型号的船价格相差无几，且预计使用年限均为10年。如果考虑到将来的使用成本，公司应如何决策？

[税法链接]

根据车船税的相关规定，不同吨位的船舶具体适用税额为：（1）净吨位小于或等于200吨的，每吨3元；（2）净吨位201吨至2 000吨的，每吨4元；（3）净吨位2 001吨至10 000吨的，每吨5元；（4）净吨位10 001吨及以上的，每吨6元。

[筹划思路]

车船税实行的是全额累进的定额税率。就本案例来说，船舶的单位税额达到哪一个等级，就全部按相应等级的单位税额征税。净吨位的等级越高，适用的单位税额就越大。

[**税款计算**]

（1）购买 2 000 吨的船舶

每年应纳车船税 =2 000×4=8 000（元）

（2）购买 2 001 吨的船舶

每年应纳车船税 =2 001×5=10 005（元）

（3）购买 2 001 吨的船舶每年多缴纳的车船税 =10 005–8 000=2 005（元）

10 年共计多缴纳的车船税 =2 005×10=20 050（元）

2.利用税收优惠政策

根据我国《车船税法》第三条的规定，下列车船可以免征车船税：

（1）捕捞、养殖渔船；

（2）军队、武装警察部队专用的车船；

（3）警用车船；

（4）悬挂应急救援专用号牌的国家综合性消防救援车辆和国家综合性消防救援专用船舶；

（5）依照法律规定应当予以免税的外国驻华使领馆、国际组织驻华代表机构及其有关人员的车船。

根据《车船税法》第四条和第五条的规定，下列车船可以减征或免征车船税。

（1）对节约能源、使用新能源的车船可以减征或者免征车船税。

（2）对受严重自然灾害影响纳税困难以及有其他特殊原因确需减税、免税的，可以减征或者免征车船税。

上述减免税的具体办法由国务院规定，并报全国人民代表大会常务委员会备案。

（3）省、自治区、直辖市人民政府根据当地实际情况，可以对公共交通车船，农村居民拥有并主要在农村地区使用的摩托车、三轮汽车和低速载货汽车定期减征或者免征车船税。

需要注意的是，如果免税单位和纳税单位合并办公，所用车辆能够划分清楚者，分别免征或征收车船税；不能划分清楚的，一律照章缴纳车船税。

五、环境保护税的纳税筹划

1979 年，我国决定开始由环保部门对污染物的排放征收"排污费"。2016 年 12 月 25 日，第十二届全国人大常委会第二十五次会议通过了《中华人民共和国环境保护税法》（以下简称《环境保护税法》）。2017 年 12 月 30 日，国务院发布《中华人民共和国环境保护税法实施条例》。《环境保护税法》及实施条例从 2018 年 1 月 1 日起正式实施。

（一）环境保护税的计算

1. 纳税义务人

在中华人民共和国领域和管辖的其他海域直接向环境排放应税污染物的企业、事业单位和其他生产经营者，为环境保护税的纳税义务人。应税污染物包括大气污染物、水污染物、固体废物和噪声。

2. 环境保护税的特点

环境保护税具有如下特点。

（1）属于调节型税种。环境保护税的首要功能是减少污染排放，而不是增加财政收入。

（2）属于综合型环境税。环境保护税的征税范围包括大气污染物、水污染物、固体污染物和噪声四大类，非针对单一污染物征税。

（3）属于直接排放税。企业、事业单位和其他生产经营者向依法设立的污水集中处理、生活垃圾集中处理场所排放应税污染物的，或在符合国家和地方环境保护标准的设施、场所贮存或者处置固体废物的，不属于直接排放，不征收环境保护税。

（4）采用环保部门和税务部门紧密配合的征管方式。由于污染物种类多，排污量的计量复杂，环境保护税需要环保部门和税务部门协作征收。

3.税目与税率

（1）税目。环境保护税的税目包括大气污染物、水污染物、固体废物和噪声四类。

（2）税率。环境保护税采用定额税率。其中，对应税大气污染物和水污染物规定了幅度定额税率，具体适用税额的确定和调整，由省、自治区、直辖市人民政府统筹考虑本地区环境承载能力、污染物排放现状和经济社会生态发展目标要求，在规定的税额幅度内提出，报同级人民代表大会常务委员会决定，并报全国人民代表大会常务委员会和国务院备案。

环境保护税的税目税额如表 7-3 所示。

表 7-3　环境保护税的税目税额

税目	计税单位	税额	备注
大气污染物	每污染当量	1.2 ~ 12 元	
水污染物	每污染当量	1.4 ~ 14 元	

（续表）

税目		计税单位	税额	备注
固体废物	煤矸石	每吨	5 元	
	尾矿	每吨	15 元	
	危险废物	每吨	1 000 元	
	冶炼渣、粉煤灰、炉渣、其他固体废物（含半固态、液态废物）	每吨	25 元	
噪声	工业噪声	超标 1~3 分贝	每月 350 元	1. 一个单位边界上有多处噪声超标，根据最高一处超标声级计算应纳税额；当沿边界长度超过 100 米有两处以上的噪声超标，按照两个单位计算应纳税额 2. 一个单位有不同地点作业场所的，应当分别计算应纳税额，合并计征 3. 昼、夜均超标的环境噪声，昼、夜分别计算应纳税额，累计计征 4. 声源一个月内超标不足 15 天的，减半计算应纳税额 5. 夜间频繁突发和夜间偶然突发厂界超标噪声，按等效声级和峰值噪声两种指标中超标分贝值高的一项计算应纳税额
		超标 4~6 分贝	每月 700 元	
		超标 7~9 分贝	每月 1 400 元	
		超标 10~12 分贝	每月 2 800 元	
		超标 13~15 分贝	每月 5 600 元	
		超标 16 分贝	每月 11 200 元	

4. 计税依据

应税污染物的计税依据，按照下列方法确定：

（1）应税大气污染物按照污染物排放量折合的污染当量数确定；

（2）应税水污染物按照污染物排放量折合的污染当量数确定；

（3）应税固体废物按照固体废物的排放量确定；

（4）应税噪声按照超过国家规定标准的分贝数确定。

应税大气污染物、水污染物的污染当量数，以该污染物的排放量除以该污染物的污染当量值计算。每种应税大气污染物、水污染物的具体污染当量值，依照《环境保护税法》所附应税污染物和当量值表执行。

每一排放口或者没有排放口的应税大气污染物，按照污染当量数从大到小排序，对前三项污染物征收环境保护税。每一排放口的应税水污染物，按照应税污染物和当量值表，区分第一类水污染物和其他类水污染物，按照污染当量数从大到小排序，对第一类水污染物按照前五项征收环境保护税，对其他类水污染物按照前三项征收环境保护税。

应税大气污染物、水污染物、固体废物的排放量和噪声的分贝数，按照下列方法和顺序计算：

（1）纳税人安装使用符合国家规定和监测规范的污染物自动监测设备的，按照污染物自动监测数据计算；

（2）纳税人未安装使用污染物自动监测设备的，按照监测机构出具的符合国家有关规定和监测规范的监测数据计算；

（3）因排放污染物种类多等原因不具备监测条件的，按照国务院环境保护主管部门规定的排污系数、物料衡算方法计算；

（4）不能按照上述规定的方法计算的，按照省、自治区、直辖市人民政府环境保护主管部门规定的抽样测算的方法核定计算。

5. 应纳税额的计算

环境保护税应纳税额按照下列方法计算：

（1）应税大气污染物的应纳税额为污染当量数乘以具体适用税额；

（2）应税水污染物的应纳税额为污染当量数乘以具体适用税额；

（3）应税固体废物的应纳税额为固体废物排放量乘以具体适用税额；

（4）应税噪声的应纳税额为超过国家规定标准的分贝数对应的具体适用税额。

（二）环境保护税的纳税筹划

我国《环境保护税法》规定了一些税收优惠政策，对个别领域或者污染程度相对较轻的企业给予一定优惠。企业可以利用这些优惠条款，尽量减轻环境保护税负担。

根据《环境保护税法》的规定，下列情况暂免征收环境保护税：

（1）农业生产（不包括规模化养殖）排放应税污染物的；

（2）机动车、铁路机车、非道路移动机械、船舶和航空器等流动污染源排放应税污染物的；

（3）依法设立的城乡污水集中处理、生活垃圾集中处理场所排放相应应税污染物，不超过国家和地方规定的排放标准的；

（4）纳税人综合利用的固体废物，符合国家和地方环境保护标准的；

（5）国务院批准免税的其他情形。

除以上免税条款外，还规定了以下减征条款：

（1）纳税人排放应税大气污染物或者水污染物的浓度值低于国家和地方规定的污染物排放标准百分之三十的，减按百分之七十五征收环境保护税；

（2）纳税人排放应税大气污染物或者水污染物的浓度值低于国家和地方规定的污染物排放标准百分之五十的，减按百分之五十征收环境保护税；

（3）声源一个月内累计昼间超标不足 15 昼或者累计夜间超标不足 15 夜的，分别减半计算应纳税额。

第八章

企业融资的纳税筹划方法与技巧

一、企业权益融资的纳税筹划

股东投资是企业成立的必要条件，也是企业发展壮大的根基。权益融资是企业最基本的一种融资方式。吸收股东直接投资、发行股票融资以及使用留存收益是公司权益融资的三种渠道。

（一）吸收股东直接投资

直接投资是企业成立之初投资者按照公司章程投入的资本金。投资者出资时，既可以采用现金或银行存款的形式，也可以投入商品、设备等实物资产，还可投入自己拥有的著作权、商标权、土地使用权等无形资产。吸收直接投资的优点是可以快速筹集必要的资本，增强企业的自有资金实力；缺点是会导致现有股东持股率的下降，分散现有股东对企业的控制权。

（二）发行股票融资

发行股票融资是股份有限公司经常采用的一种融资形式。《中华人民共和国公司法》（以下简称《公司法》）和《中华人民共和国证券法》对股票的发行、上市等进行了严格的规定。发行股票融资同样可以增强公司的自有资金实力，为债权人提供财务保障，但缺点是股票发行费用较高，同时股东要求的回报率通常比负债融资要高。

（三）使用留存收益

企业经过一段时间的运营之后，会形成一定的利润积累。这种利润积累体现在报表中，就是留存收益，包括盈余公积和未分配利润。自我积累是企业留存的资金，可以避免发行股票烦琐的融资手续并且节约融资费用，是一种较为简便的筹资渠道。实务中，很多上市公司不愿意多分红，一定程度上是想利用留存收益进行再投资。

二、企业负债融资的纳税筹划

（一）企业负债融资的方式

负债融资包括短期负债融资和长期负债融资两种形式。在短期负债融资中，短期借款和利用商业信用融资是比较普遍的方式。长期负债融资主要包括长期借款、发行公司债券、融资租赁等融资形式。

1. 短期借款融资的特点

（1）融资速度快。

（2）融资成本低。

（3）融资弹性大。

2. 利用商业信用融资的特点

（1）无需签订专门的借款合同。

（2）不用办理融资手续。

（3）在一定期限内资金成本可以为零。

3. 长期借款融资的特点

（1）借款利率高。

（2）借款弹性小。

（3）企业财务风险大。

4. 公司债券融资的特点

（1）发行约束条件多。

（2）有固定的利率、付息日和到期日等，融资弹性小。

5. 融资租赁融资的特点

（1）与购买设备相比，每年现金流出相对较小。

（2）租赁期长，能获得设备长期的使用权。

（3）租赁期满具有是否购买设备的选择权。

（二）具体融资方式的纳税筹划

1. 借款融资的纳税筹划

我国《企业所得税法》对借款融资的税前扣除做出了如下规定。

（1）企业向金融机构借款的利息支出，允许据实扣除。

（2）企业向非金融机构借款的利息支出，按照不超过金融企业同期同类贷款利率计算的数额的部分进行扣除。

（3）企业向关联方借款的，从其关联方接受的债权性投资与权益性投资的比例超过规定标准而发生的利息支出，不得在计算应纳税所得额时扣除。

《关于企业关联方利息支出税前扣除标准有关税收政策问题的通知》（财税〔2008〕121号）规定，企业实际支付给关联方的利息支出，除符合本通知第二条规定外，其接受关联方债权性投资与其权益性投资比例为：（1）金融企业为5∶1；（2）其他企业为2∶1。

（4）企业向个人借款的利息支出，符合以下条件的，在不超过金融企业同期同类贷款利率计算的数额的部分，准予扣除：

① 借贷真实、合法、有效；

② 企业与个人签订了借款合同。

关联方借款如何计算应纳税额

[案例资料]

北京某企业2019年度计划从其关联企业借款5 000万元，接受的该关联企业权益性投资总额为1 000万元，借款利率为7%（不高于同期同类金融机构贷款利率）。在不考虑借款利息的情况下，该企业本年度应纳税所得额预计为1 000万元。请计算该企业2019年应纳税额。

[税款计算]

该企业接受的关联方债权性投资与权益性投资的比例已经达到5 000÷1 000=5，超过了两倍的上限，超过部分的利息不能扣除。

该企业当年可以扣除的利息＝2 000×7%=140（万元）

该企业当年应纳税所得额＝1 000-140=860（万元）

应纳税额＝860×25%=215（万元）

企业如何选择借款方式

[案例资料]

北京华星公司主要生产中档办公家具，在生产经营中需要1 000万元流动资金进行周转，由于各种原因，公司难以继续向银行贷款，财务主管提出以下三种融资方案。

第一种：向其他企业贷款。贷款利率为7%，需提供担保。

第二种：向社会上的个人贷款。贷款利率为8%，无需提供担保。

第三种：向本公司员工融资。该企业员工人数为500人，每人融资2万元，双方签订借款合同。名义利率为4%，实际利率为10%，其中4%的部分以利息的方式支付，6%的部分以员工报销交通费用的方式支付。

资金使用期限为1年，同期银行贷款利率为4%。

请从企业所得税纳税筹划的角度分析这三种方案哪种刘该公司最有利。

[税款计算]

第一种方案

当年允许扣除的利息费用＝1 000×4%=40（万元）

当年调增的应纳税所得额＝1 000×3%=30（万元）

当年调增的税额＝30×25%=7.5（万元）

第二种方案

当年允许扣除的利息费用 =1 000 × 4%=40（万元）

当年调增的应纳税所得额 =1 000 × 4%=40（万元）

当年调增的税额 =40 × 25%=10（万元）

第三种方案

当年允许扣除的利息费用 =1 000 × 4%=40（万元）

当年允许扣除的交通费用 =1 000 × 6%=60（万元）

当年调增的应纳税所得额 =0

当年调增的税额 =0

从以上计算结果来看，第三种方案对企业最有利。

2. 债券融资的纳税筹划

公司发行债券有三种方式：溢价发行、平价发行和折价发行。当债券票面利率与发行时的市场利率相同时，债券按面值发行；当债券票面利率高于市场利率时，债券溢价发行；当债券票面利率低于市场利率时，债券折价发行。当债券溢价或者折价发行时，必须在发行期内将溢价或者折价摊销完毕。

平价发行债券时，当期的利息费用等于债券的面值与票面利率的乘积；溢价或折价发行债券时，溢价或折价金额的摊销会减少或增加当期的利息费用，从而影响公司当期的应纳税所得额。我国企业会计准则规定，债券溢价或折价的摊销采用实际利率法，按照该方法计算得出的各期利息费用是不同的。税法上允许公司在计算企业所得税时据实扣除利息费用。

3. 租赁融资的纳税筹划

租赁是让渡资产使用权从而获得报酬的一种经营活动。租赁在实务中可以分为两种形式：经营租赁和融资租赁。

经营租赁的特点是：

（1）资产由出租方根据市场需求自主决定购买；

（2）租期较短，通常远低于资产的使用寿命；

（3）出租资产的维修、保养一般由出租方来负责；

（4）租赁期满后，资产由出租方收回；

（5）资产在租期内的折旧由出租方来计提。

融资租赁的特点是：

（1）出租的资产由承租方提出购买要求；

（2）资产一般为单价很高的大型机械设备、飞机、轮船等；

（3）租赁期较长，接近资产的使用寿命；

（4）出租资产的维修、保养一般由承租方负责；

（5）租赁期满后，承租企业可以用很低的价格留购资产；

（6）承租方将资产作为自有资产管理，并计提折旧。

在税收上，无论是经营租赁还是融资租赁，出租方都会缴纳增值税和相应的附加税；在企业所得税的缴纳上，经营租赁租入固定资产发生的租赁费，按照租赁期限均匀扣除；融资租赁租入固定资产，租赁费不得直接扣除，但按照会计制度规定计提的融资租入固定资产的折旧费，可分期扣除。

租赁与购买，哪个更划算

[案例资料]

珠海新隆新能源汽车制造公司需要一台大型精密数控车床进行甲零部件的生产。该车床的市场价格为 1 000 万元，使用寿命为五年，预计净残值为 0。如果购买，企业需向银行借款 1 000 万元，利率为 5%，还款期限为五年；如果采用经营租赁的方式，租期为五年，每年需要支付租金 280 万元。

请计算两种方案对于企业缴纳企业所得税的影响，并根据税后成本孰低进行决策。

[税款计算]

方案一：采用借款购买的方式，每年计提的折旧额以及发生的借款利息可以从应纳税所得额中扣除。

（1）每年折旧额 =1 000÷5=200（万元）

每年折旧抵减应纳税额 =200×25%=50（万元）

五年抵税额 =50×5=250（万元）

（2）每年利息费用 =1 000×5%=50（万元）

利息抵减应纳税额 =50×25%=12.5（万元）

五年抵税额 =12.5×5=62.5（万元）

（3）折旧和利息抵税 =250+62.5=312.5（万元）

税后总成本 = 车床购买价款 + 利息费用 – 折旧和利息抵税额

=1 000+50×5–312.5=937.5（万元）

方案二：采用经营租赁的方式，每年支付的租金可以作为成本费用扣除。

每年租金抵减应纳税额 =280×25%=70（万元）

五年抵税额 =70×5=350（万元）

税后总成本 =5×280–350=1 400–350=1 050（万元）

决策结果：比较两种方案的税款节约额可知，公司采用经营租赁的形式节约的税款更多。但从税后总成本的角度来看，外购方式的总成本最低，因此，公司应尽量选择借款外购的方式。

三、企业融资结构的纳税筹划

企业融资结构指的是权益资金和债务资金所占的比重。负债融资的优点是当项目的投资报酬率高于债务税后成本时，负债越多，企业的净资产收益率越大；缺点是过高的负债率会加大公司的财务风险。权益融资的优点是能增强企业的资本实力，降低负债率，但不足之处是股东要求的回报率较高，即资本成本较高。因此，企业必须注重融资结构的管理，保持合理的负债率，在控制财务风险的同时获取最大的价值。

财务杠杆的秘密

[案例资料]

北京维康股份有限公司在 A 股上市，计划筹措 1 000 万元资金用于高科技新产品的研发和生产，相应制定了 A、B、C、D 四种筹资方案。假设企业所得税税率为 25%，息税前利润为 300 万元。

A方案：1 000万元资金全部采用权益筹资方式，即向社会公开发行股票，每股计划发行价格为2元，共计500万股。

B方案：在1 000万元资金中，40%采用向银行借款的方式筹集，60%采用增发股票的方式筹集。借款利率为6%。

C方案：在1 000万元资金中，50%向银行借款，另外50%采用增发股票的方式筹集。借款利率为6%。

D方案：1 000万元资金全部采用向商业银行借款的负债筹资方式，借款年利率为6%。

请以净资产收益率作为评价标准，对以上四种方案进行比较。

[筹划分析]

我们可以分别计算出四种方案的净资产收益率，如表8-1所示。

表8-1 四种方案的比较

金额单位：万元

项目	A	B	C	D
息税前利润	300	300	300	300
权益筹资额	1 000	600	500	0
负债筹资额	0	400	500	1 000
利率	6%	6%	6%	6%
利息费用	0	24	30	60
应纳税所得额（息税前利润－利息费用）	300	276	270	240
所得税税率	25%	25%	25%	25%
企业所得税	75	69	67.5	60
净利润	225	207	202.5	180
净资产收益率	22.5%	34.5%	40.5%	无穷大

　　从以上计算结果可知，由于利息具有抵税的作用（即税收挡板），方案的负债率越高，企业所得税税额越低，项目本身的净资产收益率越高。在全额负债融资的情况下（方案D），项目的净资产收益率趋向于无穷大。从提高净资产收益率的角度来说，选择方案D是最佳的。然而，负债过高会给公司带来较大的财务负担，公司应注意适当运用财务杠杆，控制负债率水平，规避财务风险。

第九章

企业投资的纳税筹划方法与技巧

一、企业如何选择组织形式

我国企业的组织形式主要有公司制企业、个人独资企业和合伙企业三种，下面简单介绍一下各个组织形式的主要特点和税收政策。

（一）公司制企业的税收政策

在我国，公司包括有限责任公司和股份有限公司两种形式，是按照《公司法》成立的企业法人，有独立的法人财产，享有法人财产权。公司以其全部财产对其债务承担责任。有限责任公司的股东以其认缴的出资额为限对公司承担责任；股份有限公司的股东以其认购的股份为限对公司承担责任。公司主要缴纳增值税、企业所得税和城市维护建设税等附加税，并代扣代缴员工的个人所得税。

（二）个人独资企业的税收政策

个人独资企业是指一人投资经营的企业。个人独资企业的投资者对企业债务承担无限责任。个人独资企业相对来说管理比较灵活，但通常规模有限，投资者投资风险较大，经营缺乏稳定性。

1.应纳税所得额的确定

个人独资企业取得的生产经营所得和其他所得，投资者按照我国《个人所得税法》中的经营所得项目缴纳个人所得税。经营所得以每一纳税年度的收入总额减除成本、费用以及损失后的余额，为应纳税所得额。取得经营所得的个人，没有综合所得的，在计算其每一纳税年度的应纳税所得额时，应当减除费用60 000元、专项扣除、专项附加扣除以及其他扣除。专项附加扣除在办理汇算清缴时减除。

2.税率的确定

经营所得个人所得税税率如表9-1所示。

表9-1　经营所得个人所得税税率

级数	全年应纳税所得额	税率	速算扣除数
1	不超过3万元的	5%	0
2	超过3万~9万元的部分	10%	1 500
3	超过9万~30万元的部分	20%	10 500
4	超过30万~50万元的部分	30%	40 500
5	超过50万元的部分	35%	65 500

3.应纳税额的计算

应纳税额 = 全年应纳税所得额 × 适用税率 − 速算扣除数

（三）合伙企业的税收政策

合伙企业是指自然人、法人和其他组织按照《中华人民共和国合伙企业法》在中国境内设立的普通合伙企业和有限合伙企业。普通合伙企业由普通合伙人组成，合伙人对合伙企业的债务承担无限连带责任；有限合伙企业由普通合伙人和有限合伙人组成，普通合伙人对合伙企业债务承担无限连带责任，有限合伙人以其认缴的出资额为限对合伙企业债务承担责任。

合伙企业的生产经营所得，由合伙人分别缴纳所得税。合伙人为自然人的，按照《个人所得税法》中的经营所得项目缴纳个人所得税；合伙人为法人或其他组织的，征收企业所得税。

合伙企业的投资者按照合伙企业的全部生产经营所得和合伙协议约定的分配比例，确定应纳税所得额，合伙协议没有约定分配比例的，以全部生产经营所得和合伙人数量平均计算每个投资者的应纳税所得额。

由于不同的企业组织形式对于企业所得税的缴纳会产生较大影响，因此，投资者在创办企业时，应将税收因素考虑进来，经过对比之后，选择最为理想的组织形式。

小张的创业之路

[案例资料]

小张大学毕业后，考虑到就业压力比较大，决定自己返乡创业。他想在所在的三线城市的商业区租赁一处临街门店，开办一家手机卖场，启动资金为 50 万元。除小张之外，他还需要雇用两个专职销售人员。经初步测算，每年可盈利 10 万元左右（不考虑其他差异，年应纳税所得额也为 10 万元）。小张考虑注册成立公司，有两种形式可以选择：一种是注册成立有限责任公司，另一种是注册成立个人独资企业。

从企业所得税纳税筹划的角度来说，小张该选择哪种形式成立公司呢？

[筹划分析]

（1）注册成立有限责任公司

根据小张所创办手机卖场的各项条件，符合"年度应纳税所得额不超过300万元，从业人数不超过300人，资产总额不超过5 000万元"三个条件，属于小型微利企业，企业所得税税率为20%。按照我国对小型微利企业的税收优惠政策，从2019年1月1日起，对小型微利企业年应纳税所得额不超过100万元的部分，减按25%计入应纳税所得额；对年应纳税所得额超过100万元但不超过300万元的部分，减按50%计入应纳税所得额。因此，小张的手机卖场可以减按25%计入应纳税所得额，缴纳企业所得税。

全年应纳企业所得税 =100 000×25%×20%=5 000（元）

（2）注册成立个人独资企业

小张注册成立个人独资企业，应按照经营所得缴纳个人所得税。假设小张只有经营门店的所得，没有其他综合所得，则按照《个人所得税法》的规定，计算其每一纳税年度的应纳税所得额时，应当减除费用60 000元、专项扣除、专项附加扣除以及依法确定的其他扣除。

小张的专项扣除为0，专项附加扣除为每月房租800元（小张所在城市属于市辖区户籍人口不超过100万的城市）。则：

全年应纳税所得额 =100 000–60 000–800×12=30 400（元）

查表9-1可知，适用10%的税率，速算扣除数为1 500元。则：

全年应纳个人所得税 =30 400×10%–1 500=1 540（元）

经过计算和比较，建议小张注册个人独资企业，这样可以减轻税负。

二、企业扩张时如何节税

企业发展到一定阶段，需要到不同的区域设立当地的生产或经营管理机构，即设立分公司或者子公司。分公司是从属于总公司、不具有法人资格的分支机构，不能独立承担民事责任；子公司是被其他公司掌握控制权、具有法人资格的独立公司，能够独立承担民事责任。这两种不同的扩张形式，在纳税上有所区别。

1. 分公司的纳税特点

（1）分公司不是独立的法人，一般无法享受当地政府的税收优惠。

（2）分公司的亏损在汇总纳税时，可以冲抵总公司的利润，减轻公司整体的纳税负担。

2. 子公司的纳税特点

（1）可享受注册地政府提供的各种税收优惠。

（2）母公司、子公司均是独立法人，子公司的亏损不能冲抵母公司的利润。

3. 纳税筹划的策略

（1）若预计增设的经营机构初期亏损，则设立为分公司比较适宜。

（2）若预计增设机构盈利，则设立为子公司，尽量享受当地的税收优惠。

（3）跨国公司境外投资宜采用子公司的形式，境内投资视盈亏状况而定。

荣生公司的扩张版图

[案例资料]

北京荣生建材有限责任公司（以下简称荣生公司）主要经营建材的生产和销售，拟开拓山东省内的新市场，在青岛成立生产和管理机构。荣生公司预计未来5年每年可盈利1 000万元左右，青岛的生产和管理机构成立之后，未来3年亏损，预计平均年亏损额为400万元，3年后可逐步实现盈利，预计4~5年平均年盈利额为600万元。试问：如果以未来5年作为测算期，公司应在青岛成立哪种形式的组织机构？

[筹划分析]

（1）如果在青岛成立分公司，则北京荣生作为总公司，汇总纳税如下：

公司第1年~第3年每年应纳企业所得税=（1 000–400）×25%
=150（万元）

公司第4年~第5年每年应纳企业所得税=（1 000+600）×25%
=400（万元）

公司1~5年应纳企业所得税总额=3×150+2×400=1 250（万元）

（2）如果在青岛成立子公司，则北京荣生和青岛的子公司应当分别独立纳税。

北京荣生第1年~第5年每年应纳企业所得税=1 000×25%=250（万元）

青岛子公司第1年~第3年不需要缴纳企业所得税，第4年~第5年处于亏损弥补期，补亏之后盈利正好为零，无须缴纳企业所得税。

两家公司1~5年应纳企业所得税总额=250×5+0=1 250（万元）

结论：虽然两者缴纳企业所得税总额相同，但由于分公司的亏损可以冲减总公司当年的利润，因而成立分公司可以获得延迟纳税的好处，使公司获得资金时间价值。

三、企业纳税身份的选择

为了更好地保障我国税收管辖权的有效行使，我国企业所得税的纳税人分为居民企业和非居民企业。不同的企业在向政府缴纳所得税时，纳税义务不同。

（一）居民企业的纳税义务

居民企业是指依法在中国境内成立，或者依照外国（地区）法律成立但实际管理机构在中国的企业。

居民企业应就来源于中国境内、境外的所得在中国缴纳企业所得税。所得包括销售货物所得、提供劳务所得、转让财产所得、股息红利所得、利息所得、租金所得、特许权使用费所得、接受捐赠所得和其他所得等。居民企业适用 25% 的基本税率。

（二）非居民企业的纳税义务

非居民企业是指依照外国（地区）法律成立且实际管理机构不在中国境内，但在中国境内设立机构、场所的，或者在中国境内未设立机构、场所，但有来源于中国境内所得的企业。

这里所说的机构、场所包括：

（1）管理机构、营业机构、办事机构；

（2）工厂、农场、开采自然资源的场所；

（3）提供劳务的场所；

（4）从事建筑、安装等工程作业的场所；

（5）其他从事生产经营活动的机构、场所。

根据我国《企业所得税法》的规定，非居民企业在中国境内设立机构、场所的，应当就其所设机构、场所取得的来源于中国境内的所得，以及发生在中国境外、与其所设机构、场所有实际联系的所得，缴纳企业所得税。此类非居民企业适用 25% 的基本税率。

非居民企业在中国境内未设立机构、场所的，或者虽设立机构、场所，但取得的所得与其所设机构、场所没有实际联系的，应当就其来源于中国境内的所得缴纳企业所得税。此类非居民企业适用 20% 的低税率，但实际征税时适用 10% 的税率。

洛克公司的纳税身份

[案例资料]

英国洛克公司注册地为英国伦敦，拥有多项药品的专利。由于中英贸易的发展，洛克公司与中国制药企业之间开展了广泛的专利合作。洛克公司有意在北京设立一个办事处，专门处理专利权在中国的许可运营事宜。目前洛克公司每年收取的专利费大约为 2 000 万元人民币，经估算设立办事处每年的开支约为 100 万元。如果不设立办事处，公司往返中国办理有关业务的费用约为 150 万元。请根据我国《企业所得税法》判断洛克公司是否应当设立办事处。

[筹划分析]

洛克公司注册地在英国伦敦,不符合中国居民企业的认定条件,属于中国的非居民企业。

(1)如果不设立办事处,属于"在中国未设立机构、场所而有来源于中国境内的所得",应缴纳10%的预提所得税(源泉扣缴):

洛克公司每年缴纳的企业所得税 =2 000 × 10%=200(万元)

专利许可业务的净利润 =2 000–150–200=1 650(万元)

(2)如果设立办事处,属于"非居民企业在中国境内设立机构、场所",应当就其所设机构、场所取得的来源于中国境内的所得,按25%的税率缴纳企业所得税。

洛克公司每年缴纳的企业所得税 =(2 000–100)× 25%=475(万元)

专利许可业务的净利润 =2 000–100–475=1 425(万元)

经计算可知,设立办事处会缴纳更高的企业所得税,因此,从纳税的角度来看,洛克公司不应该在中国设立办事处。

四、企业投资方式的筹划

投资可以从不同的角度进行分类。从投资者能否直接控制资金的运用这个角度,可以分为直接投资和间接投资。

直接投资是出资兴办企业或者收购其他公司股权并直接参与经营管理的投资行为。投资人可以有效地控制资金的使用,并实施全过程的管理。

间接投资主要是指投资者购买金融资产的投资行为。依据具体投资对象的不同,间接投资又可以分为股权投资、债券投资和基金投资等。间接投资的税务问题主要体现在持有环节和转让环节。持有环节主要是收到的股息、红利、利息的所得税的缴纳；转让环节主要是资本利得即买卖价差的所得税以及证券交易的印花税等。

（一）股权投资

1. 持有环节的税收问题

（1）居民企业从其他居民企业取得的股息、红利等投资收益，属于免税收入，免征企业所得税。

（2）居民企业持有非居民企业公开发行并上市流通的股票取得的股息、红利等投资收益，一律并入应税收入计算缴纳企业所得税。

（3）在中国境内设立机构、场所的非居民企业，从居民企业取得与该机构、场所有实际联系的股息、红利等投资收益，属于免税收入，免征企业所得税。（连续持有居民企业公开发行并上市流通的股票不足 12 个月取得的投资收益除外。）

（4）在中国未设立机构、场所的非居民企业，或虽设立机构、场所但取得的所得与该机构、场所没有实际联系的非居民企业，应就其来源于中国境内的股息、红利所得，按照 10% 的税率缴纳企业所得税。

企业在进行股票投资时，可适当延长股票持有时间，或选择居民企业公开发行的股票等方式，获得股息、红利的免税收益。

2. 转让环节的税收问题

根据有关规定，企业转让股权或股票的收入，属于转让财产收入，应当缴纳企业所得税。企业应于转让协议生效且完成股权变更手续时，确认收入的实现。转让股权收入扣除为取得该股权所发生的成本后，为股权转让所得。

根据以上条款的规定，企业买卖股票的资本利得，应当缴纳企业所得税。而收取的利息、股息、红利，在满足条件的情况下可以免税。在实际操作中，企业可以进行适当的筹划。

股权转让时机的选择

[案例资料]

A 公司和 B 公司均为中国的居民企业。A 公司于 2018 年 2 月 20 日以银行存款 1 000 万元投资于 B 公司，占 B 公司股本总额的 60%，有权对 B 公司的重大生产经营事项做出决策。B 公司 2018 年获得税后利润 500 万元。2019 年 3 月，A 公司打算将持有的 B 公司的全部股权转让给 C 公司，可选方案如下。

方案 1：B 公司先分配利润，A 公司获得分红 300 万元，再按照 1 200 万元的价格转让全部股权给 C 公司，股权转让过程中发生相关税费 2 万元。

方案 2：B 公司 2018 年的盈利不做分配。A 公司以 1 500 万元的价格将股权全部转让给 C 公司。股权转让过程中发生相关税费 6 万元。

2019 年度 A 公司自身经营的应纳税所得额为 800 万元。请分别计算两种方案下 A 公司 2019 年的应纳税额和税后利润。

[税款计算]

（1）方案 1 中，A 公司获得的 300 万元分红属于免税收入，可以免征企业所得税。则：

A 公司应纳企业所得税 =（1 200–1 000–2）×25%+800×25%

=249.5（万元）

A 公司税后利润 =300+（1 200–1 000–2）+800–249.5=1 048.5（万元）

（2）方案 2 中，股权转让所得应当缴纳企业所得税：

A 公司应纳企业所得税 =（1 500–1 000–6）×25%+800×25%

=323.5（万元）

A 公司税后利润 =（1 500–1 000–6）+800–323.5=970.5（万元）

由计算可知，方案 1 由于先分红后转让股权，因而税后利润较高。A 公司应当选择方案 1。

[筹划技巧]

在转让股权之前，若投资企业能够决定被投资企业的生产经营决策，投资企业可要求被投资企业进行利润分配，通过将资本利得转化为股息或红利的形式，达到减轻税负的目的。

（二）债券投资

债券包括金融债券、政府债券和公司债券三类。根据《企业所得税法》的规定，企业取得的国债利息收入，免征企业所得税；企业取得的其他种类债券的利息收入，需要缴纳企业所得税。

企业转让债券，应作为转让财产，其取得的收益（损失）应作为企业的应纳税所得额计算纳税。

永隆公司的投资抉择

[案例资料]

永隆公司为中国居民企业，适用 25% 的企业所得税税率。公司目前有闲置资金 1 500 万元，准备对外投资，现有以下两个投资方案可供选择。

方案 1：与其他公司联营，共同出资创建一个新的高新技术企业——A 公司（在中国境内注册成立）。永隆公司拥有 A 公司 30% 的股权。预计 A 公司每年可税前盈利 300 万元，税后利润全部分配。

方案 2：永隆公司用 1 500 万元购买国债，年利率为 6%，每年可获得利息收入 90 万元。

请分析永隆公司采用哪个方案更合适。

[筹划分析]

方案 1：按现行税法规定，A 公司设立后被认定为国家重点扶持的高新技术企业，适用 15% 的企业所得税税率，则永隆公司分回的税后股息为：$300 \times (1-15\%) \times 30\% = 76.5$（万元）。

我国对居民企业之间的股息、红利采取免税法，以避免重复征税。永隆公司从中国居民企业 A 公司取得的 76.5 万元股息，属于免税收入，无需补税。

方案 2：根据税法规定，企业投资国债获得的利息收入也属于免税收入，无需缴纳企业所得税。永隆公司获得的实际投资收益即 90 万元。

根据计算结果可知，方案 2 的税后收益较高，选择方案 2 为宜。

（三）基金投资

我国基金有很多种，按照基金规模是否随时变化，可以分为开放式基金和封闭式基金。

开放式基金是指发行总额不固定，基金规模随时增减，投资者可以按照基金净值在证券交易所申购和赎回。开放式基金每天只有一个净值报价，申购和赎回都是按照净值进行，没有溢价、折价的情形。

封闭式基金是指发行总额事先确定，基金规模总数不变，基金上市后投资者通过证券交易所转让、买卖的基金。封闭式基金的交易价格由市场供需决定。

按照我国《企业所得税法》的规定，投资者从证券投资基金分配中取得的收入，暂不征收企业所得税。因此，企业从基金中取得的分红收益是免税的，但投资者买卖基金的价差收益是需要缴纳企业所得税的。

基金应该何时赎回

[案例资料]

2018 年 2 月，上海中鼎公司投资 800 万元申购面值为 1 元的 M 开放式基金 800 万份。截至 2019 年 2 月，M 基金净值为 1.5 元，基金公司决定每份基金分红 0.5 元。中鼎公司对基金赎回的时间有两种选择：一种是在分红之前赎回；另一种是分红实施后再赎回。

请判断该公司何时赎回最有利。

[筹划分析]

方案1：如果分红之前赎回，那么中鼎公司赎回价格为基金净值1.5元，转让收益为每份基金0.5元，这部分收益需要缴纳企业所得税。

该公司需要缴纳企业所得税=800×（1.5-1）×25%=100（万元）

该公司的税后收益=800×（1.5-1）×（1-25%）=300（万元）

方案2：如果分红之后再赎回，那么分红的部分不需要缴纳企业所得税，同时，分红后基金净值将下降到每份1元，价差为0，也不需要缴纳企业所得税。

该公司需要缴纳的企业所得税=800×（1.5-0.5-1）×25%=0

该企业的税后收益=800×0.5+800×（1.5-0.5-1）×（1-25%）=400（万元）

通过以上计算可知，方案2，即中鼎公司等基金分红之后再赎回最有利。

[筹划技巧]

企业投资基金，应尽量在分红之后赎回。因为分红部分是不征收企业所得税的，而且可以大幅降低赎回价差收益的税款。

第十章

利润分配的纳税筹划方法与技巧

一、利润分配的形式

按照我国《公司法》的规定，公司利润分配应秉承"无利不分"的原则，即公司只有弥补亏损和提取法定盈余公积金之后剩余的净利润，才可以进行分配。分配时一般按照持股比例来进行。在我国证券市场中，存在上市公司"有利润、不分红"的情况，有些公司是虽有利润，但现金流不足；有些公司是想留存资金以备日后发展所需；而有些公司则出于再融资成本的考虑，不愿意给股东分红。长年业绩良好但吝于分红的公司，被投资者戏称为"铁公鸡"。

从理论上讲，分红可以采用现金股利、股票股利、财产股利、负债股利等形式。现金股利是股利支付的主要方式，要求公司具备充足的现金流。股票股利俗称"送红股"，是指公司将自己的股票送给股东作为分红。财产股利是公司将自己持有的有价证券、实物资产等财产作为红利分给股东。负债股利是公司通过增加负债的形式，将应付票据、应付债券作为股利分给股东。在实务中，常见的分红形式是现金股利和股票股利。

二、个人取得分红的纳税筹划

个人投资者收到的股息、红利，应按照《个人所得税法》的规定，依照"利息、股息、红利所得"项目，以每次收入额为应纳税所得额，按20%的比例税率缴纳个人所得税。

（一）上市公司分红的个税优惠

2015年9月7日，财政部、国家税务总局、证监会联合发布《关于上市公司股息红利差别化个人所得税政策有关问题的通知》，规定个人从公开发行和转让市场取得的上市公司股票，持股期限在1个月以内（含1个月）的，其股息、红利所得全额计入应纳税所得额；持股期限在1个月以上至1年（含1年）的，暂减按50%计入应纳税所得额；个人从公开发行和转让市场取得的上市公司股票，持股期限超过1年的，股息、红利所得暂免征收个人所得税。

根据规定，股份制企业在分配股息、红利时，以股票形式向股东个人支付应得的股息、红利（即派发红股），应以派发红股的股票票面金额为收入额，按利息、股息、红利项目计征个人所得税。

根据我国《个人所得税法》的规定，股份制企业用资本公积金转增股本，不属于股息、红利性质的分配，对个人取得的转增股本数额，不作为个人所得，不征收个人所得税；股份制企业用盈余公积金派发红股属于股息、红利性质的分配，对个人取得的红股数额，应作为个人所得征税。

综上所述，公司采用不同的分红方式，对股东的个人所得税金额会产生不同的影响，其中，资本公积转增股本的方式，无须缴纳个人所得税，同时，投资者还可以享受因为送红股带来的股价上涨的好处。

个人取得分红涉及的纳税筹划

[案例资料]

某上市公司 2019 年 4 月计划给股东分红，目前发行在外的普通股为 5 000 万股。董事会在讨论分红计划时，提出了三个方案：

方案一，采用现金分红的形式，每 10 股分 5 元；

方案二，用资本公积转增股本，每 10 股转增 1 股；

方案三，用公司的未分配利润送红股，每 10 股送 1 股。

该上市公司属于分散型股权结构，除了四家持股比例在 5% 左右的机构投资者和公司以外，80% 的股份持有者为散户，且持股的时间平均在 1 个月以上、不满 1 年。考虑到中小投资者的利益，公司邀请税务专家对以上三种方案的个税问题进行解答。

[筹划分析]

（1）方案一为现金分红，散户应按照"股息、红利所得"缴纳个人所得税：

散户收到的现金分红总额 =5 000×80%×（5÷10）=2 000（万元）

散户平均持股时间在 1 个月至 1 年，股息、红利所得减按 50% 计入应纳税所得额。

散户应纳税所得额 =2 000×50%=1 000（万元）

散户现金分红应纳个人所得税总额 =1 000×20%=200（万元）

（2）方案二为"资本公积转增股本"，不属于"股息、红利"所得，不缴纳个人所得税。

（3）方案三用公司的未分配利润送股，属于"股息、红利所得"，应缴纳个人所得税，相关计算如下。

散户收到的红股总数 =5 000×80%×（1÷10）=400（万股）

根据规定，股份制企业在分配股息、红利时，以股票形式向股东个人支付应得的股息、红利（即派发红股），应以派发红股的股票票面金额为收入额，按利息、股息、红利项目计征个人所得税。我国上市公司股票面额为1元。

散户平均持股时间在1个月至1年，股息、红利所得减按50%计入应纳税所得额。

散户应纳税所得额 =400×1×50%=200（万元）

散户应纳个人所得税总额 =200×20%=40（万元）

[筹划结论]

综合以上三个方案，对于个人投资者来说，方案二无须缴纳个人所得税，对其纳税比较有利。

（二）个人工资薪金所得与分红的转化

个人股东在企业任职会领取一定的工资、薪金所得。由于个人股东同时是公司的投资者，因此从公司的净利润中分取一定的利润也是合理的。这样就存在一个问题，即个人股东是领取工资、薪金所得税率低，还是领取红利税率低？下面通过一个案例进行分析。

工资转分红的纳税筹划

[案例资料]

赵东是深圳一家互联网少儿英语教育公司的创始人，经过三年的不懈努力，公司在细分市场上站稳了脚跟。赵东手中拥有公司60%的股权，同时还担任公司的CEO，负责公司的具体运营事务。2019年，赵东在公司共计领取税前薪酬100万元。赵东每个月的社保、公积金等专项扣除为5 000元，专项附加扣除为每月子女的教育支出1 000元、赡养老人的支出2 000元、每月住房贷款利息1 000元。赵东除此之外，无其他收入来源。赵东就个税问题咨询税务专家，税务专家认为，赵东可以将100万元收入中的50万元作为工资薪金来领取，其余50万元作为公司分红来处理。

[筹划分析]

税务专家对此进行了详细的测算。

（1）100万元全部作为工资、薪金领取。

根据我国《个人所得税法》的规定，赵东的100万元年薪应并入综合所得，缴纳个人所得税。

年应纳税所得额＝全年收入额－60 000－社保、公积金专项扣除－专项附加扣除＝1 000 000–12×5 000–60 000–12×（1 000+2 000+1 000）=832 000（元）

查阅居民个人综合所得个人所得税税率表可知，税率为35%，速算扣除数为85 920元。

赵东全年应纳个人所得税＝832 000×35%–85 920=205 280（元）

（2）50万元作为工资、薪金领取，其余50万元作为公司分红领取。

工资应纳税所得额＝500 000–12×5 000–60 000–12×（1 000+2 000+1 000）

=332 000（元）

查阅居民个人综合所得个人所得税税率表可知，税率为 25%，速算扣除数为 31 920 元。

工资应纳个人所得税 =332 000×25%–31 920=51 080（元）

分红应纳个人所得税 =500 000×20%=100 000（元）

赵东全年应纳个人所得税 =51 080+100 000=151 080（元）

筹划之后，赵东全年可少纳个人所得税 =205 280–151 080=54 200（元）

[筹划技巧]

把工资薪金所得转化为公司分红，关键就是看能否降低适用税率。如果工资薪金的适用税率远高于 20%，筹划就存在空间，因为分红的所得税税率是确定不变的（20%）。需要注意的是，适用这一方法的前提是员工必须为公司的股东。

三、企业分红的纳税筹划

如前所述，居民企业从其他居民企业分得的股息、红利，属于税后利润，已经缴纳企业所得税，不再重复征收企业所得税。股权转让所得属于公司的财产转让所得，应全额并入企业的应纳税所得额，缴纳企业所得税。

公司在对外投资时，可以合理利用分红与资本利得的税收差异。如果投资方打算将持有的被投资公司的全部或部分股权转让，在持股比例较高的情况下，可以要求被投资公司适当分红，这样一方面分红的部分可以免交企业所得税，另一方面可以降低股权转让价格，从而降低股权转让所得，达到减轻税负的目的。